발달장애,
조기 개입과 부모 역할 훈련

가나자와 아동의료복지센터
소아과 전문의 우에노 요시키
및 작업치료 팀 지음

노미영 옮김

마고북스

글머리에

발달장애는 어떻게 진단하고 어떻게 치료할까요.

먼저, 발달장애는 범주적 분류 방식(카테고리 진단학)이라고 불리는 방법을 통해 진단합니다. 아이의 행동을 잘 관찰하고, 부모나 다른 아이들과 관계를 맺는 모습과 아이가 보이는 행동 패턴 등을 통해 진단을 내립니다.

범주적 분류 방식이란 의사에 따라 진단이 크게 달라지지 않도록 몇몇 행동들의 특징을 범주화하여 그 유무와 정도에 따라 진단하는 것입니다.

그러나 혈당치나 혈압처럼 수치나 화상으로 포착할 수 있는 이상은 아닙니다. 어디까지나 겉으로 나타나는 아이의 행동에 의거하여 진단하므로, 관찰하는 상황이나 사람에 따라 판단이 달라지는 경우도 있습니다.

즉, 뇌 발달의 凸凹('발달의 凸凹[요철]'이라는 용어는 발달장애 전문가이자 소아정신과 의사인 스기야마 도시로가 제안한 것으로, 우열 평가를 떠난 발달의 양상을 가리킨다 – 옮긴이)유무와 정도를 직접 측정하는 방법은 없으므로, 이상 증상을 반영하고 있다고 생각되는 행동을 통해 간접적으로 평가하게 됩니다.

그러므로 이처럼 간접적으로 포착할 수 있는 증상을 통해 시행하는 진단 방법을 조작적 진단법이라고 부르기도 합니다.

하지만 아이의 행동은 환경에 따라 크게 좌우됩니다. 어린이집이나 유치원 같은 집단과 가정 같은 개별 단위에서 전혀 다른 경우도 드물지 않습니다.

때문에 발달장애라는 진단에 절대적인 것은 없음을 이해해 둘 필요가 있겠습니다.

이 책은 제목에서 볼 수 있듯 발달장애의 조기 개입(경우에 따라 조기 치료 교육으로 옮김 - 옮긴이)에 페어런트 트레이닝(부모 역할 훈련, 이하 부모 역할 훈련이라고 표기 - 옮긴이)을 매칭한 것입니다.

아이가 하는 행동의 의미를 생각하면서 진단 기준에 부합하는 다양한 행동 특성에 대한 조기 개입의 구체적 방법, 나아가 그 과정에 부모 역할 훈련을 접목하는 방법을 제시해 나가고자 합니다.

비정형적인 발달 특성만을 두고 발달장애라고 진단하는 것이 아니라 '발달의 凸凹 때문에 적응 행동의 문제가 발생하고 있다'는 인식 위에 적응 행동으로 이끌기 위한 조기 개입 방법을 알기 쉽게 해설합니다.

부모 역할 훈련은 이름 그대로 아이에 대한 부모님과 보육 관계자의 대응 방법이므로 아이 자신이 무언가를 할 필요는 없습니다.

주위 사람들의 대응 방법이나 아이가 지내는 환경을 정비함으로써 아이 자신이 적절한 행동, 다시 말해 적절한 체험을 하기 쉽도록 이끄는 방법입니다. 여기서 소개하는 방법은 부모님 혹은 보육 관계자가 가정이나 보육 기관에서 개별적으로 행하는 부모 역할 훈련입니다.

개별적인 부모 역할 훈련은 언제든 시작할 수 있으며 횟수나 기간에 구애받지 않고 보호자와 아이의 속도에 맞춰 진행할 수 있습니다.

중요한 것은 적응 행동, 달리 말해 아이들의 체험을 성공 체험으로 이끄는 것이며, 실패 체험이 되풀이됨으로써 초래하는 2차 장애를 예방하는 것입니다.

물론 완벽한 치료가 없듯이 완벽한 지원도 없습니다. 발달장애의 중증도는 지원 필요성의 정도로 결정되지만 지원의 양과 타당성을 정량화하는 것은 어렵습니다.

그럼에도 아이들이 성공 체험을 쌓을 수 있도록 이끌어 나가는 것의 중요성은 의심할 여지가 없습니다.

이 책에는 저희 센터에서 작업치료사 선생님들이 일상적으로 시행하고 있는 조기 개입의 노하우를 망라했습니다.

그 노하우와 부모 역할 훈련법을 조합하여 제공함으로써 아이들의 발달 과정에 동행하여 그 기쁨을 공유하고 성장을 지켜보는 주위의 모든 어른들에게 도움이 되고자 합니다.

2021년 1월
우에노 요시키

차례

1부

부모 역할 훈련의 기본

잘했어요~
훌륭해!

● 발달장애 각각의 특성

아래 그림이 나타내듯이 '지적 장애'를 가진 아이는 전반적으로 발달 속도가 느리고, '자폐 스펙트럼 장애(ASD)'를 가진 아이는 사물에 대한 인지 방식이 다르며, '주의력 결핍 과잉행동 장애(ADHD)'를 가진 아이는 행동의 어프로치가 다릅니다.

즉, 각각 정보 처리 방법이 다르며, 그 차이가 눈에 보이는 행동의 특성으로 나타나게 됩니다.

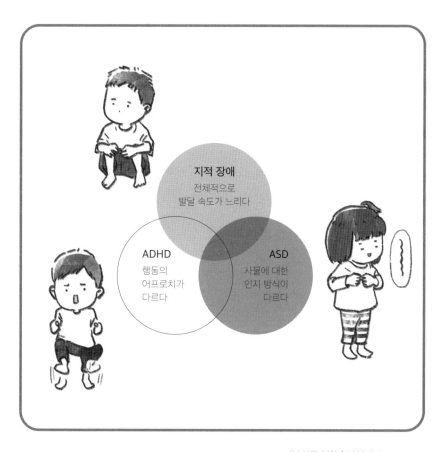

● 진단의 기준

아래는 발달장애 중에서도 '자폐 스펙트럼 장애'를 의심할 경우 주요 행동 항목입니다.

1. 다른 아이들에게 관심을 나타내지 않는다.
2. 무언가를 발견하거나 흥미를 가졌을 때 손가락으로 가리켜(이하 포인팅이라고 표기 - 옮긴이) 전달하려 하지 않는다.
3. 보여 주고 싶은 것이 있을 때 그것을 보여 주기 위해 엄마가 있는 곳으로 가져오지 않는다.
4. 1, 2초 이상 엄마와 시선을 맞추지 않는다.
5. 엄마가 이름을 불러도 반응하지 않는다.
6. 엄마가 하는 행동(표정, 흉내 등)을 흉내내지 않는다.
7. 엄마가 다른 곳에 있는 장난감을 손가락으로 가리켜도 그쪽을 쳐다보지 않는다.
8. 늘 같은 동선이나 순서가 아니면 납득하지 않는다.
9. 청각 등 감각의 과민성이나 둔감성이 있다.

하지만 아이들이란 날마다 성장하고 발달하며 변화해 가는 존재입니다. 때문에 어느 한 시기의 행동을 들어 진단하는 것 자체의 문제점을 지적하는 시각도 있습니다.

그렇다면 발달장애를 조기 발견하는 의의는 어디에 있을까요. 그것은 아이가 특정 장면과 상황에 걸맞은 적응 행동을 잘 취하지 못함으로써 일어나는 문제를 예방하고 개선하는 데 있습니다.

● 행동을 바꾼다 = 체험을 바꾼다

어른 쪽에서 보는 아이의 〈행동〉은 아이에게 있어서는 스스로의 〈체험〉입니다. 행동이 달라진다는 것은 아이 자신이 하는 체험이 달라진다는 것에 다름 아닙니다. 아이는 체험을 통해 다양한 것을 흡수하고 배워 나갑니다.

아이의 행동을 바꾼다는 것은 특성에 얽매이지 않고 상황에 걸맞은 적절한 행동은 늘리고 상황에 맞지 않는 행동은 줄이는 것입니다.

> 행동을 바꾼다 = 어른 쪽에서 본 세계를 바꾼다.
> 체험을 바꾼다 = 아이가 살고 있는 세계를 바꾼다.

주변의 어른이 아이에게 적절한 체험을 제공하는 것이 조기 개입의 목적이며, 그 체험을 아이 속에 성공 체험으로 정착시켜 가는 것이 '부모 역할 훈련'입니다. 그러면 부모 역할 훈련의 기본을 구체적으로 살펴봅시다.

1 아이의 행동을 셋으로 나눈다

● 다음 세 가지로 나눈다

아이의 행동을 (1) 바람직한 행동, (2) 바람직하지 않은 행동, (3) 위험한 행동의 세 가지로 나누는 게 일반적이지만 여기에서는

(1) 할 수 있는 것
(2) 아직 잘 하지 못하는 것
(3) 될 수 있으면 하지 않았으면 하는 것

의 세 가지로 나눕니다.

● '좋은 면'을 인식하면 마음이 편해진다

어른일지라도 잘 하지 못하는 것은 얼마든지 많습니다. 할 수 있는 것은 '한 번이라도 할 수 있었다면' 기입합니다.

의식하고 적어 보면 알아차리게 되는 것이 있습니다.

'꽤 괜찮은 면이 있다는 것', '알아차리지 못하는 사이에 할 수 있게 된 것이 있다는 것', 그리고 또 하나는 같은 장면에서도 '할 수 있는 때와 할 수 없는 때가 있다는 것'입니다.

그 사실을 알아차리는 것만으로도 조금 마음이 편해집니다.

바람직한 행동 → (1) 할 수 있는 것

● 친구에게 장난감을 빌려준다

바람직하지 않은 행동 → (2) 아직 잘 할 수 없는 것

● 친구의 장난감을 빼앗는다

위험한 행동 → (3) 될 수 있으면 하지 않았으면 하는 것

● 친구의 장난감을 던진다

● **기록해 보면 알게 되는 것**

　잘 할 수 없는 것은 외면하려 해도 눈에 들어옵니다. 노력하고 있는 모습이 눈앞에 보여도 평상시 할 수 없는 것에 마음이 팔려 알아차리지 못할 때도 있습니다.

　'발달장애일지도 모른다'는 말을 들으면 숫자에 흥미를 가지는 것도 '증상이 아닐까' 하고 마음이 쓰입니다. 지금 하고 있는 것을 계속하고 싶어 하는 아이의 마음에 대해서도, '주의 전환이 어렵고 집착이 강하네요'라는 말을 들으면 '그런가' 하고 생각하게 됩니다.

　세 가지로 나누어 적어 보아서 동일한 상황에서 할 수 있는 때와 하지 못하는 때가 있다면 이미 할 수 있는 힘은 형성되어 있는데 잘 발휘하지 못할 때가 있다는 것을 뜻합니다.

　즉, 발휘할 수 있는 환경을 정비하면 바람직하지 못한 행동은 바람직한 행동으로 바꿀 수 있습니다. 실패 체험을 성공 체험으로 바꾸는 것이 가능한 것입니다.

　다음 표를 활용하여 행동을 세 가지로 나누어 적어 봅시다.

아이의 행동을 세 가지로 나누어 봅시다

'행동'이란 아이가 실제로 하고 있는 것입니다. 당신이 보고 듣고 셀 수 있는 것입니다. '~하지 않는다'가 아니라 '~하고 있다'로 적어 보십시오.

바람직한 행동 할 수 있는 것	바람직하지 않은 행동 아직 잘 할 수 없는 것	위험한 행동 될 수 있으면 하지 않았으면 하는 것
(예) 혼자서 일어난다	다른 아이의 장난감을 뺏는다	나이 어린 아이를 밀친다
큰 소리로 인사를 한다	정리를 하지 못하고 어지르기만 한다	다른 아이를 문다

2 지금 할 수 있는 것에 주목한다 : 주목 명인 되기

● '늘 지켜봐 주는 사람이 있다'고 느낄 수 있게 하기

어른조차 아무리 노력해도 '아무도 알아주지 않는다'고 생각하면 점점 의욕이 사라집니다. 아이들도 마찬가지입니다.

잘 못할 때는 원치 않는 주목을 받고 '빨리 해', '몇 번 말해야 되겠니'라는 말을 듣습니다. 그러나 그것은 아이에게 '기쁘지 않은' 부정적 주목입니다. 어른일지라도 아직 잘 하지 못하는 것을 단번에 할 수 있게 되지는 않습니다.

어른도 '누군가 자신이 하고 있는 것을 지켜봐 주고 있다'고 느낄 때는 무척이나 힘이 납니다. '늘 밤 늦게까지 열심히 해 주어서 고마워요', '늘 깨끗하게 해 주어서 도움이 돼요'라는 말을 들으면 '지켜봐 주고 있었구나' 하고 알게 됩니다. '앞으로도 계속 해야지' 하고 생각합니다.

행동을 세 가지로 분류하여 지금 할 수 있는 것에 주목한다는 것은 긍정적인 주목을 통해 아이에게 '나를 늘 지켜봐 주는 사람이 있구나' 하고 느낄 수 있게 하는 것입니다.

● '기쁜 주목'을 전달하기

아이 자신이 주목을 의식하는 일은 없을 것입니다. 긍정적 주목이 주는 기쁨은 우리가 언어나 태도로 나타내지 않는 한 전달되지 않습니다. 말을 통해 그리고 미소 띤 얼굴을 통해 그 기쁨을 아이와 공유할 수 있습니다.

지금 할 수 있는 것, 이를테면 '인사를 한다', '장난감을 정리한다' 등 지극히 평범한 것, 스스로 조금 노력하고 있는 것이 눈에 들어오면 '인사를 할 수 있구나', '혼자서 정리할 줄 아네' 하고 그 행동에 대해 짧게 말로 표현합니다.

'인사를 할 수 있구나'

'혼자서 정리할 줄 아네'

● '스킨십을 하면서' 전달하기

기쁜 주목은 언어 표현에만 머무르지 않습니다. 언어에 대한 이해에 지체가 있을 경우나 전반적인 지적 발달의 지체가 있는 경우는 언어보다 스킨십이 효과적일 때도 있습니다.

스킨십을 좋아하지 않는 아이도 있지만 '고마워' 하고 안아 주거나 '애썼네' 하고 머리를 쓰다듬어 주면 스킨십을 좋아하게 될지도 모릅니다. 그와 같은 언어 표현도 무척 좋아하게 될 것입니다. 아이 편에서 포옹을 요청하게 된다면 좀 더 관계를 맺기 쉬워집니다.

'고마워'

고마워

이때 아이에게 전달하고 싶은 것은 '너를 지켜보고 있는 사람이 있단다', '그런 행동에 대해 좋게 생각한단다'는 느낌입니다.

그것이 무의식중에 아이에게 안심감을 주어서 아이는 편안하게 지내게 되고 그 행동은 아이 속에 정착되어 갑니다.

● '알기 쉽게' 전달하기

　이때 말을 거는 방법의 포인트가 있습니다. 전달하고자 하는 것은 '너를 지켜보고 있단다', '그 행동을 좋게 생각한단다'는 것이므로 눈에 들어오는 대로 일단 짧게 그 행동에 대해 곧바로 말로 표현하는 것입니다.

'정리하고 있구나'

'혼자서 입었구나'

말 걸기 네 가지 포인트

1 보이는 즉시 말로 표현하기

바람직한 행동을 취하는 모습이 눈에 들어오면 곧바로 말로 표현합니다.

2 행동에 대해서만 짧게 말로 표현하기

바람직하다고 생각하면 행동 그 자체를 짧게 말로 표현한다.
'인사를 했구나' '혼자서 준비했구나'

③ 간접적으로 칭찬하기

아빠나 선생님께 보고한다(직접 하는 것보다 몇배나 기뻐한다).

④ 감사를 표한다

'멋지네' '고마워'.

전달하고 싶은 것은 너를 지켜보는 사람이 있다는 것.

● '고마워!'는 누구나 엄청 좋아해!

언어 이해가 아직 안 되는 것처럼 보여도 안아 주거나 머리를 쓰다듬으며 '혼자서 해 냈구나, 고마워', '끝까지 힘냈구나, 훌륭해' 하고 말을 걸어 주세요.

언젠가는 아이들도 그 말을 무척 좋아하게 됩니다. 부모님의 그러한 얼굴과 목소리를 아이들은 무척 좋아합니다. 또 보고 싶어합니다. 어쨌거나 어른들도 그러한 말을 무척 좋아하지 않나요.

● 칭찬했던 행동과 말 걸기를 적어서 정보를 공유하기

바람직하다고 생각되는 아이의 행동이 눈에 들어오면 짧게 그 행동을 말로 표현하고 오른쪽 표처럼 적어 볼 것을 추천합니다.

그 자리에서 바로 적기는 어려우니까 가정이라면 밤에 자기 전에 기억해 내서, 보육 시설이라면 하루 일과가 끝날 시간이 되겠지요. 매일 적을 필요는 없습니다. '그러니까 오늘 이런 일을 했었지'라든가 '뜻밖의 반응을 했었지'라는 경우에만 적어도 괜찮습니다.

아이의 반응을 기록함으로써 반응이 좋았던 표현이나 이렇게 말했더니 좋았다 등 알아차리게 되는 것이 있습니다.

거의 반응하지 않는 것처럼 보여도 아이들은 반드시 듣고 있습니다. 늘 같은 말 걸기가 되어 버릴 수도 있지만 기록하는 행위를 통해 말 걸기를 계속해 나갈 동기를 부여받게 됩니다.

혼자서 기록하는 것은 즐겁지 않습니다. 엄마라면 아빠나 할머니와, 보육 관계자라면 동료와 공유하는 것도 매우 중요합니다.

'이런 것을 할 수 있더라고', '이런 반응을 보이던데요' 하고 정보를 공유하고, '더 짧게 말하는 게 알기 쉽지 않을까'라든가 '이런 반응을 했다니 다음에 말해 보지요' 등 아이에 대한 시선이나 관점을 새롭게 고치는 계기가 되기도 합니다. 물론 아이가 긍정적인 반응을 했다면 그 행동에 대해서도 계속하여 말을 걸어 주시기 바랍니다.

일시	① 주목하여 칭찬한 행동	② 어떻게 말을 걸었습니까	③ 아이의 반응은 어땠습니까
4/1	신발장의 문을 조용하게 닫았다	'살짝 닫았구나'	웃는 얼굴로 '응' 하고 대답했다
4/3	티셔츠를 개켰다	'혼자서 개킬 수 있구나' '고마워'	바지도 개키려고 했다, 그리고 서랍에 넣었다!
4/6	정리를 했다	'훌륭해, 블록 상자에 넣을 수 있구나!'	고개를 끄덕인 다음 다른 것도 정리했다

● **응용 행동 분석 사용하기**

어른의 눈으로 보면 도저히 이해하기 어려운 아이의 행동에도 이유가 없는 행동은 없습니다. 아이의 행동을 관찰하고 행동의 이유를 생각하기 위한 방법 중 '응용 분석 행동'이라고 불리는 것이 있습니다. 어려운 방법이 아닙니다. 아래 그림을 봐 주십시오. 어떤 행동(Behavior)을 일으키는 데는 계기가 되는 상황(Antecedent stimulus)이 있고, 그 행동의 결과로 생기는 상황(Consequent stimulus)이 있습니다.

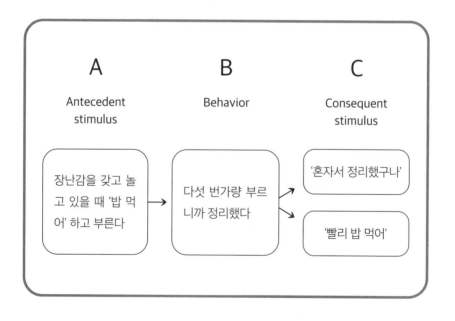

● ABC 분석으로 단서 찾기

　행동의 법칙성은 장애가 있든 없든 동일합니다. 이 법칙성에 기반하여 분석하므로 머리글자를 따서 'ABC 분석'이라고 합니다.

　어른의 눈으로 보아 매우 부적절하게 생각되는 행동일지라도 ABC 분석적인 시점에서 다시 보도록 해 봅시다. 그러면 행동의 원인이 그 행동의 이전 사건에 있는지, 행동 스킬 그 자체에 있는지, 아니면 그 행동의 결과로 얻어지는 상황에 있는지 생각할 수 있는 단서를 얻을 수 있습니다.

　보육 시설이나 유치원이라면 복수의 선생님들이 관찰하는 것이 좋을지도 모릅니다. 생각지 못한 곳에 원인이 있기도 합니다.

　또 아이의 행동에 대한 선생님들의 공동 이해가 쉬워져서 그 행동이 일어나는 장면을 예측하기 쉬워집니다.

　다음에 각각의 원인을 생각할 수 있는 힌트를 제시해 볼 테니 참고해 주십시오.

A <u>행동의 전</u>에 원인이 있을 때의 힌트

(가) 사회성이나 커뮤니케이션 능력이 아직 형성되지 않았다

● 다른 사람들과 함께하는 즐거움을 아직 모른다

● 무엇을 하면 좋을지 전달하기 어렵다

(나) 자신이 좋아하는 것을 계속하고 싶어한다

● 지금 하고 있는 것을 변경하고 싶지 않다

● 평소와 다른 것은 곧바로 받아들이기 어렵다

(다) 흥미를 끌면 곧바로 행동하고 싶어 한다

● 주변의 자극이 강하고 너무 많다

● 기다리는 시간이 너무 길다

(라) 실패하고 싶지 않다, 잘 못하는 것을 하고 싶지 않다

● 불안이 강하면 지나치게 반응하여 패닉에 빠진다

● 잘 안 된다고 생각하면 자신의 세계로 들어가 버린다

● '안 돼'라든가 '하지 마'라는 말을 들으면 불안이 커진다

(마) 한 가지 일이나 물건에 집중하지 못한다

● 신경 쓰이는 사물이나 사안이 너무 많다

● 주위에서 일어나는 일에 주의가 산만해진다

와하하

(바) 지시에 따르는 것이 서투르다

● 지시가 너무 많아서 알기 힘들다

장난감을 치우고,
신발을 정리하고,
손을 씻고,
자리에 앉아요.

● 누구에게 말하는 것인지 알기 어렵다

시작
합시다!

B 행동 에 원인이 있을 때의 힌트

(가) 할 수 있는 것, 할 수 없는 것에 아직 凸凹이 있다

● 해당 행동을 하기 위한 스킬이 아직 몸에 익어 있지 않다

(나) 언어를 흉내내는 힘, 동작을 흉내내는 힘이 길러져 있지 않다

(다) 기억하는 힘이나 예측하는 힘이 아직 약하다

(라) 감각과 운동의 밸런스가 미숙하다

● 몸의 균형감이 떨어져서 일정한 자세를 유지하지 못한다
● 특정 감각이 과민하여 불쾌감을 느끼기 쉽다
● 손끝이 무디다
● 특정 감각을 추구한다

C 행동의 이후에 원인이 있을 때의 힌트

(가) 아이에게 좋은 결과를 가져다준다

● 행동의 결과로 얻은 상태가 지내기 편하다

● 주위로부터 주목받을 수 있다

● 상대의 반응이 즐겁고 재미있다

● 상대의 반응을 확실하게 얻을 수 있다

(나) 그 행동을 하면 싫은 일이 일어나지 않는다

- 서툰 것을 하고 싶지 않으므로 다른 행동을 한다
- 잘 할 수 없는 것을 하고 싶지 않으므로 회피한다
- 실패할 것 같으면 그만둔다

(다) 그 상황에 맞는 적절한 행동을 할 수 없다

- 그 행동을 해도 아이에게 좋은 일이 일어나지 않는다
- 그 행동을 하면 자신에게 싫은 일이 일어난다

● ABC 분석의 또 한 가지 접근방식 '행동의 법칙성'

24쪽의 그림에서 제시한 행동의 예에 ABC 분석의 또 한 가지 중요한 접근방식이 있습니다. 행동은 하나 하나 완결되는 것이 아닙니다. 행동의 결과로 얻어진 것이 그 이전의 행동에 작용하여 그 행동을 강화하거나 약화합니다.

행동의 예를 ABC 분석하면,

(A) 아이가 장난감을 갖고 놀고 있을 때, '밥 먹어' 하고 부른다.
(B) 몇 번 부르니까 스스로 정리하고 식탁으로 온다.
(C) 그 행동에 대해 곧바로 오지는 않았지만 장난감을 정리한 데 대해
  (1) '혼자서 정리했구나' '밥 먹자' 하고 말한다.
  (2) '몇 번이나 불러야 되는 거야, 빨리 먹어' 하고 말한다.

이와 같은 두 갈래 결과를 생각해 봅시다.

그때, 아이가 '지금 하고 있는, 좋아하는 행동을 계속 하고 싶다'고 생각하는 마음 자체는 결코 나쁜 것이 아닙니다.

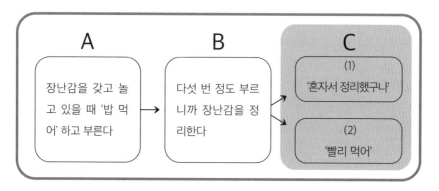

아이가 해 낼 수 없는 부분은 물론 신경이 쓰입니다. 하지만 조금이라도 할 수 있게 된 부분을 주목하면 '다음에는 스스로 속도를 내어 정리하자'는 마음이 '강화'될지도 모릅니다.

그런데 '몇 번이나 불러야 하는 거야' 하고 하지 못하는 부분에만 주목한다면 다음으로 연결되기 어렵습니다. 스스로 정리하려는 아이의 마음가짐은 거꾸로 '소거'될지도 모릅니다.

이것을 '행동의 법칙성'이라고 합니다.

(1) '혼자서 정리했구나' '밥 먹자' 하고 말을 건넨다

(2) '몇 번이나 불러야 하는 거야, 빨리 먹어'라고 말한다

● 여럿이 함께 생각할 때 '전문 용어'를 사용해 봅니다

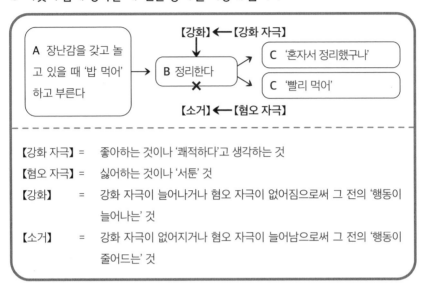

【강화 자극】 = 좋아하는 것이나 '쾌적하다'고 생각하는 것

【혐오 자극】 = 싫어하는 것이나 '서툰' 것

【강화】 = 강화 자극이 늘어나거나 혐오 자극이 없어짐으로써 그 전의 '행동이 늘어나는' 것

【소거】 = 강화 자극이 없어지거나 혐오 자극이 늘어남으로써 그 전의 '행동이 줄어드는' 것

행동을 분석할 때 사용되는 용어를 알아 두면 꽤 편리하므로 기억해서 사용해 보세요.

예를 들어 '○○에게는 하지 마 하며 뒤를 쫓아가 주는 것이 【강화 자극】이 되는 것 같아'라는 느낌으로 사용하면 됩니다.

【강화 자극】을 생각할 때 어른이 생각하는 【강화 자극】과 아이에게 있어서의 강화 자극이 반드시 일치하지는 않는다는 사실에도 주의해야 합니다.

부모 역할 훈련에서 미소 띤 표정이나 말 등 긍정적인 주목은 【강화 자극】이 될 뿐 【혐오 자극】이 되지는 않습니다. 즉 플러스는 되지만 마이너스가 되는 경우는 없습니다.

'혼자서 정리했구나!' 한 번의 말 건네기로 그 행동이 정착되는 경우도 적지 않습니다.

● **다음 번에 잘 할 수 있으면 그걸로 좋습니다**

　이처럼 아이들의 행동을 ABC 분석하여 그 행동의 원인이 어디에 있는지 생각하면 다음 번 대응책을 생각할 수 있습니다. 같은 상황은 앞으로도 되풀이하여 일어날 수 있습니다.

　이미 일어난 일은 되돌릴 수 없습니다. 일단 일어난 패닉은 진정되는 것을 기다릴 수밖에 없습니다. 중요한 것은 아이가 '다음에 하는 체험'입니다. 다음 번에 잘 할 수 있으면 그걸로 좋습니다.

4 목표를 생각하여 환경을 정비한다 : 환경 명인 되기

● 성장과 발달에는 환경 정비가 거의 모든 것

　행동분석학에서는 행동을 〈개인과 환경의 상호작용〉이라고 생각합니다. 이것은 어른 아이 할 것 없이 동일합니다만 아이들은 경험이 적은 만큼 어른에 비해 환경의 영향을 보다 더 강하게 받습니다.

　만약 환경을 정비함으로써 아이들의 행동을 상황에 걸맞은 적절한 행동으로 바꿀 수 있다면 증상이 사라지게 됩니다. 증상이 사라지면 이미 질병이나 장애가 아닙니다. 그런 의미에서 모든 아이들에게 지내기 편한 환경으로 정비하는 것이 성장과 발달 면에서 무엇보다 중요합니다.

● 아이의 눈높이에서 환경을 정비한다

　행동의 원인을 생각할 때 가장 중요한 것은 아이의 눈높이에 서는 것입니다. 어른의 눈높이는 아이에게서 원인을 찾기 일쑤이지만 아이의 눈높이는 환경에 맞춰져 있습니다.

　아이의 눈높이에서 바라봄으로써 '행동하기 쉬운 환경을 정비한다'는 것의 의미를 한층 더 잘 이해할 수 있게 됩니다.

어른의 눈높이	아이의 눈높이
· 지시를 듣지 않는다 →	지금 하고 싶지 않은 것을 지시받는다
· 다른 아이와 관계를 맺지 않는다 →	혼자서 노는 쪽이 안심된다
· 차분하지 않다 →	신경 쓰이는 자극이 잔뜩 있다
· 패닉을 일으킨다 →	무엇을 하면 좋을지 몰라서 불안하다
· 바깥으로 나가 버린다 →	선생님을 비롯한 모두의 주목을 받는다

자극이 잔뜩 있다
(집중할 수 없다)

자극이 적다
(집중)

● 행동 목표는 '긍정적인 주목'이 될 수 있도록

'괴성을 지른다', '걸핏하면 때린다', '같은 잘못을 되풀이한다'. 이런 부적절 행동을 보았을 때 어떻게든 그 행동을 '멈추게 한다'는 것에 대응이 맞춰지기 십상입니다.

그러나 '괴성을 지르지 않는다', '때리지 않는다'와 같이 어떤 행동을 하지 않는다는 것은 지원 목표가 될 수 없습니다.

〈죽은 사람 테스트〉라는 것이 있습니다. 행동인가 행동이 아닌가를 판별할 때 죽은 사람이 할 수 있는 것은 행동이 아니라고 간주하는 것입니다. 예를 들어 '발작을 일으키지 않는다'는 것은 죽은 사람에게도 가능한 것이므로 행동이 아닙니다.

행동이 아닌 것이 '행동 목표'가 될 수는 없습니다. 그것은 실패 체험은 될지언정 결코 성공 체험이 되지는 않습니다.

'이 행동 대신에 어떻게 지내기를 원하는가'를 정하고 그 행동을 할 수 있도록 환경을 정비하는 것이 지원의 목표입니다.

아래 그림과 같은 목표 시트를 흔히 볼 수 있습니다만 목표는 '친구들을 때리지 않는다'가 아니라 '친구들과 사이좋게 논다'입니다. '일어나서 돌아다니지 않는다'가 아니라 '자리에 앉아서 이야기를 듣는다'입니다. '친구들을 때리지 않는다'를 목표로 삼으면 때린 즉시 '때리면 안 돼'라고 주의를 받게 되어 부정적인 주목밖에 이끌어내지 못합니다.

'친구들과 사이좋게 논다'가 목표가 되면 그것이 유지되는 동안에 '사이좋게 놀고 있구나'라고 말을 건넬 수 있습니다. 행동 목표가 달라짐으로써 자연스럽게 긍정적인 주목으로 변합니다. 아이들에게 긍정적인 언어의 힘은 무척 큽니다.

● '**부정적**' 주목의 목표

목표	월	화	수	목	금
친구를 때리지 않는다	×				
장난감을 뺏지 않는다					
밥 먹을 때 돌아다니지 않는다	×				

↓

● '**긍정적**' 주목의 목표

목표	월	화	수	목	금
사이좋게 놀기	○				
'빌려줘'라고 말하기	○				
자리에 앉아서 먹기	○				

시작부터 벌이 따라붙으면 아이들도 할 마음이 없어집니다.

아이가 무언가 할 수 있는 동안이 '말을 건넬 때'입니다. 그리고 긍정적인 주목이 그 행동을 신장시켜 줍니다.

● '그 대신에 하기를 바라는 행동'을 촉진하기 위해 환경을 정비한다

ABC 분석에서 그 '행동의 원인을 생각하고', '그 대신에 하기를 바라는 행동'을 정해서 '그 행동을 하기 쉬운 환경을 만드는 것'이 지원의 최종 목표가 됩니다.

'그 대신에 하기를 바라는 행동'을 정하는 것은 그다지 고민할 일은 아닐지도 모릅니다. 하지만 그것을 위해 '어떤 환경을 만들어 줄 것인가'는 시행착오가 필요합니다. 무엇보다 중요한 것은 아이의 눈높이에 서는 것입니다. '그 환경이 아이에게 있어 알기 쉬운가 아닌가'입니다.

다양하게 환경 정비를 시도해 가면서 아이가 할 수 있게 된 지점이나 조금이라도 노력한 부분에 주목해 간다면 그 체험을 실패 체험으로 마치게 하는 일은 절대로 없습니다.

'그 대신에 하기를 바라는 행동', 그 행동을 시도하려 하고 있다면 그 행동이 조금이라도 가능한 시점에 '너의 그 행동을 지켜보고 있단다' 하고 전달해 주세요. 말 건네기의 4가지 포인트를 잊지 말고요.

그리하여 기쁨과 즐거움을 아이와 공유하는 것, 그것이 부모 역할 훈련의 기본입니다. 또한 조기 개입과 매칭하는 것의 '중요함'이기도 합니다.

2부

적응 행동 배우기

조기 개입과 부모 역할 훈련

조기 개입으로 새로운 세계에 첫 걸음 내딛기

● **조기 개입의 목적**

조기 개입의 목적은 적응 행동을 잘 하지 못하여 일어나는 문제를 개선하고 예방하는 것입니다만 중요한 요소가 하나 더 있습니다. 그것은 가정과 보육 현장에 대한 지원이라는 측면입니다.

발달장애의 행동 특성은 가정에서 양육하는 데 어려움을 초래하고, 나아가서 아이의 장래에 대한 불안감으로 이어지기 쉽습니다.

또한 보육이라는 집단의 장에서는 관계 맺기의 어려움이라는 형태로 나타나기 쉽습니다.

하지만 발달장애든 아니든 아이 자신이 사람들과 관계 맺기를 원하지 않는 것은 아닙니다.

다소간의 개인 차는 있을 수 있겠지만 발달의 凸凹 때문에 그 마음을 행동으로 잘 표현하지 못하는지도 모릅니다.

제가 근무하는 센터에도 발달장애가 의심되거나 진단을 받은 아이들이 진료를 받으러 옵니다. 그러면 대기실에 가서 말을 건 다음 진료실까지 손을 잡고 이동합니다. 물론 전혀 반응을 보여 주지 않는 아이도 있습니다만 슬며시 손을 마주 잡는 아이도 있습니다. 그럴 때 어머니가 "이 아이가 다른 사람과 손을 잡고 걷는 것은 처음이에요"라고 말씀해 주신 적도 있습니다.

조기 개입의 가장 중요한 부분은 먼저 주위의 어른이 아이들의 모습을 있는 그대로 받아들여서 자연스럽게 접하는 것이라고 생각합니다.

그것이 아이들을 웃게 하고 부모님들도 웃게 합니다. 아이들은 반드시 성장하고 발달하며 변화해 갑니다.

우리들에게 필요한 시선은 그 변화를 아이와 함께 기뻐하고 그 기쁨을 아이들과 공유하는 것이 아닐까요. 부모님을 불안하게 하는 지원을 지원이라고 하지 않듯이, 불안을 품은 채 행해지는 양육과 보육은 반드시 아이를 불안하게 하고, 나아가 일상생활을 어렵게 만듭니다. 아이의 변화를 알아차리지 못하면 기쁨도 공유할 수 없습니다.

조기 개입과 기쁨의 공유는 서로 짝을 이룹니다. 목표는 마지막 골이 아니라 나날의 기쁨일지도 모릅니다. 조기 개입과 부모 역할 훈련을 짝 짓는 것은 그 때문입니다.

아이들은 결코 어른이 생각하는 대로 움직여 주지 않습니다. 어른의 세계에 아이를 끼워 맞추는 것이 아니라 아이의 세계에 스며들어가 함께 체험하면 아이는 새로운 세계에 안심하고 첫 발을 내디뎌 적응 행동을 몸에 익히게 됩니다.

여기 제시되어 있는 조기 개입 방법은 모두 부모님이나 보육 관계자가 아이들의 일상 생활에 도입하기 쉬운 것들로 구성되어 있습니다. 치료교육이라고 하면 딱딱하게 느껴지지만 아이들과 관계 맺는 것을 즐기는, 아이들과의 접촉을 늘리는 것을 즐기기 위한 방법입니다.

매일이든 주 2회든 상관없습니다. 30분 정도를 기준으로 무리하지 않고 무리시키지 않는 범위로 계속해 주십시오. 반복하여 쌓아 가는 가운데 아이들의 행동에 대한 알아차림과 우리 어른들의 접근 방법의 변화가 아이들의 발달과 성장을 촉진합니다.

1장

사람에 대한
관심을 키운다

아기는 엄마 배 속에 있을 때는 청각으로 엄마의 목소리를 듣고, 촉각으로 엄마의 체온과 심장 박동을 느끼며, 평형 감각으로 엄마의 움직임을 느낍니다. 시각은 '으앙' 하고 첫울음을 터뜨릴 때까지는 깜깜절벽으로 아무것도 보이지 않습니다.

'으앙' 하고 태어나서 엄마와 분리되면 촉각과 평형 감각을 통해 느끼던 것은 한순간에 사라집니다. 그 대신 남아 있는 것은 그리운 목소리의 울림과 수유 때 느끼는 열 달간 친숙했던 온도, 그리고 심박 리듬입니다.

태어나서 처음으로 어렴풋이 보이는, 자신과 분리된 타자를 어떻게 인식하는가는 아기에게 물어보지 않으면 알 수 없습니다.

아마도 시각에서 얻는 정보와 피부에서 얻는 감각이 우위를 차지하게 됨으로써 타자에 대한 인식이 키워지게 되겠지만 개중에는 청각이나 촉각, 평형 감각의 자극이 강하게 남아 있어 시각을 통한 정보를 좀처럼 활성화시키기 어려운 아기도 있을지 모릅니다. 그 점이 타자의 존재에 대한 인지를 저해할 가능성은 있다고 생각합니다.

시각에서 오는 정보를 취하는 것이 서투르면 내 쪽에서 아이의 시야로 들어가서 눈맞춤을 촉진합니다.

나아가 보이는 대상을 손가락으로 가리킴으로써 말을 하지 않아도 상대방과 커뮤니케이션이 가능하다는 것을 배웁니다. 주위를 보고 배우는 것이 서투르면 가르침을 받아서 배우면 되는 것입니다.

발달장애, 특히 '자폐'라는 용어는 자신의 세계에 틀어박혀서 다른 사람에 대한 관심이 미약하다는 이미지를 갖게 하기 쉽지만 잘 표현하지 못하기 때문이라고 생각해도 될 것입니다.

사람에 대한 관심이 자라면 주변 환경에서 사람 이외의 '사물'에 대해 갖는 관심이 줄어들게 됩니다. 그리고 그것은 사람에 대한 관심을 더욱 키워 줍니다.

사람에 대한 관심을 키우고 그 느낌을 전달하고 싶다는 욕구가 아이에게는 물론 어른에게도 일상생활의 편안함을 자연스럽게 제공해 줄 것입니다.

1

눈맞춤을 배운다

● 왜 눈을 맞추기 어려운가

　발달장애, 특히 자폐 스펙트럼 장애를 가진 아이는 눈을 맞추지 않는다는 점이 특징적으로 지적됩니다. 실제로 진찰하고 있으면 시선이 마주치지 않는다기보다는 늘 '초점이 한곳에 머물지 않는' 것처럼 보입니다.

　갓 태어난 아기의 시력은 0.01 정도로 명암을 구별하는 정도에 지나지 않습니다만 그래도 눈이 마주치지 않는다는 신경생리학적인 발달 단계는 없는 듯합니다.

　갓 태어난 아기라도 엄마가 미소를 지어 보이면 왠지 엄마 얼굴을 보고 있는 것처럼 느껴집니다. 엄마 배 속에 있었을 때 들었던 그리운 목소리의 방향을 오감을 총동원하여 찾으려는 것처럼 보입니다.

　시선이 또렷해지는 것은 시력이 0.1 전후가 되는 3개월쯤입니다. 이 무렵이 되어도 눈을 맞추지 못하면 '어쩐지 눈을 잘 못 맞추는 것 같네'라고 느끼게 됩니다.

왜 눈을 잘 맞추지 못하는가. 실은 그 이유가 결코 명확하게 밝혀져 있지 않습니다.

사람의 눈은 흰자위가 생성되면서 비약적으로 눈을 통해 얻는 정보량이 늘었다고 하는데 자폐 스펙트럼 아이들은 '눈을 통한 정보량이 너무 많아서 처리할 수 없기 때문에'라든가, 거꾸로 '정보로 받아들일 수 없기 때문에' 등등으로 말해집니다.

갓 태어난 아기는 시력이 매우 약하기 때문에 눈을 통한 애매한 정보보다는 청각이나 촉각, 평형 감각 등 보다 또렷한 감각에서 정보와 안심감을 구합니다.

눈을 맞추기 힘든 아이들은 시력이 발달한 후에도 '시력보다 다른 감각을 계속하여 우위에 둔다'고 생각할 수도 있습니다. 그것이 결과적으로 눈맞춤을 어려워하는 행동을 야기하고 있다고 볼 수도 있겠습니다.

눈을 맞춘다는 것을 정보로 혹은 필요한 것으로 잘 느끼지 못하는지도 모릅니다. 그렇다면 눈을 맞추지 못한다는 것도 지금부터 변화해 갈 하나의 발달 단계라고 생각할 수 있습니다.

A   아이의 시야로 들어가기

● 아이의 시야로 들어감으로써 먼저 이쪽의 존재를 의식하게 만듭니다. 그러기 위해서는 우선 자신과 같은 행동을 하고 있는 사람이 존재한다는 사실을 통해 '안전한 사람 같아' 하고 생각하게 만듭니다.

1   아이가 보고 있는 사물을 <u>건드리며</u> 시야로 들어간다

○ 커튼을 보고 있다면 커튼을 만진다.

○ 장난감을 가지고 놀고 있다면 아이와 같은 방식으로 만진다.
  (두드리고 있으면 같은 방식으로 두드린다. 굴리고 있으면 굴린다)

○ 행동을 의태어나 의성어(팔랑팔랑, 통통 등)를 써서 알기 쉽게 표현한다.

2 아이를 흉내내어 시야에 들어간다

○ 자동차를 갖고 놀고 있으면 다른 자동차의 바퀴를 굴린다.
○ 그림책을 보고 있으면 다른 그림책을 가지고 페이지 넘기는 것을 흉내낸다.

오~,
코끼리가
나왔네

◇ **원 포인트 어드바이스** ◇

아이가 좀처럼 알아차리지 못할 때는 과장되게 재미있어 하거나 좀 길게 흉내내다
가 갑자기 '그만할래' 하면서 멈추어 보거나 함으로써 알아차릴 계기를 의도적으로
만듭니다.

3 아이가 보고 있는 대상을 <u>움직여서</u> 시야에 들어간다

: 아이가 보고 있는 대상물을 자신의 눈에 가까이 가져간다.

> ○ 아이가 미니카의 타이어를 보고 있다면 조금씩 움직여 타이어를 눈 옆으로 가져
> 와서는 타이어와 눈이 아이 측에서 볼 때 직선상으로 나란히 되도록 합니다. 타이어
> 를 보면 엄마의 얼굴이 시야에 들어옵니다. 그 다음에 자동차를 조금 옆으로 움직여
> 서 엄마의 미소 띤 얼굴을 보게 합니다.

같은 대상을 즐기는 사람이 되기

움직이지 않는 사물보다 빛의 반사처럼 끊임없이 변화하는 것이 자극을 줍니다. 아이는 그러한 자극을 추구하기도 하지만 어쩌면 그 감각 속에서 안심하고 있는 상태일 수도 있습니다. 결코 아이가 스스로 불쾌한 자극을 추구하는 것이 아닙니다.

그렇다면 어떻든 그 아이의 세계로 함께 들어가 봅니다. 못 하게 할 것이 아니라 함께 달리고 블라인드를 건드리고 변기 물을 바라봅니다.

어른이 자신과 같은 행동을 하면 아이가 하던 행동을 그만두고 다른 행동을 시작하는 경우도 흔하지만 그래도 계속하고 있으면 대체로 돌아옵니다. 돌아오면 '즐겁지' 하고 말로 표현해 주십시오.

치료교육의 목표를 여러 가지로 세워 보아도 아이는 어른의 생각대로 절대로 움직여 주지 않습니다.

먼저 '자신과 같은 행동을 하는 사람', '같은 행동을 하면서 즐거워하고 있는 사람'이라는 감각을 가지게 하는 것부터 시작합니다.

● 눈을 맞추면 무언가 좋은 일이 있다, 즐거운 일이 있다고 느끼게 함으로써 눈맞춤을 촉진하고 정착시켜 나갑니다.

1 비눗방울로 요구적 눈맞춤을 촉진한다

1 비눗방울을 기세 좋게 날려서 아이의 흥미를 끕니다.

자 봐봐,

후 하고
부는 거야
잘 봐

2 그 다음에는 부는 시늉만 하고 일부러 비눗방울을 만들지 않고 둡니다. 아이가 요구적인 눈맞춤을 해 오면 비눗방울을 날립니다. 이것을 되풀이함으로써 눈맞춤을 촉진합니다.

◇ 원 포인트 어드바이스 ◇

눈맞춤이 일어나면 '어머머 봤구나~' '○○ 할 거야'라고 말을 겁니다.

이때 검지로 자신의 눈을 가리켜 보이면서 웃는 얼굴로 말을 써서 표현합니다. 어른의 표정이나 목소리 톤은 아이가 기쁨을 알기 쉽게 공유하는 것으로 이어집니다.

비눗방울 외에도 물피리나 불면 뻗어 나갔다가 되감기는 개구리 혓바닥 장난감 등 다양한 방법을 시도해 봅시다.

② '다시 한 번'의 눈맞춤 촉진하기

---

1 좋아하는 곡이나 CM 곡을 들려주면서 손으로 박자를 칩니다. 끝나면 아이의 눈 앞에 검지를 세운 후 '한 번 더?' 하고 나타냅니다.

2 세운 검지를 아이가 붙들지 않고 눈맞춤이 확인되면 바로 요구에 응하여 좋아하는 곡이나 CM 곡을 들려줍니다.

한 번 더?

보상 작전

때로는 좋아하는 과자를 눈앞에 보여 주며 눈맞춤을 촉진합니다.

이때 과자를 몽땅 먹지 않고는 못 배기는 경우가 많으므로 수량을 정해 두고 한 개씩 상자에서 꺼냅니다.

과자를 상자에 넣어 두는 이유는 텅 빈 상자 안을 보이고는 '이제 없어'라고 알기 쉽게 전달하기 위해서입니다.

아이가 눈을 맞춰 오면 '얼굴을 쳐다봤구나, 자 여기 과자' 하고 얼굴 가득 미소를 띠고 또렷한 목소리로 말하며 과자를 한 개 건넵니다. 아이는 과자가 상자에서 나오면 또 보고 싶어합니다.

순조롭게 진행되었다고 생각해도 다음 날에는 좀처럼 생각대로 진행되지 않는 경우도 많을 것입니다.

그럴 때는 다시 다양한 작전을 궁리하여 아이의 반응을 즐거운 마음으로 기대해 주세요. 저도 외래에서 어머니들과 함께 작전을 연구하면서 결과를 챙겨 듣고 있습니다.

'음~. 이것도 소용이 없었나요. 만만치 않군요' 하는 경우가 대부분입니다. 그래도 괜찮습니다. '선생님도 잘 안 되는구나' 하고 생각하면 어머니들도 조금 마음이 편해집니다.

3 추시(追視)로 눈맞춤을 촉진하기

1 　손가락을 모기인양 세워서 지원자 스스로를 가리킵니다. 그러고는 '콕콕 찌를 거야'라며 자신의 뺨이나 이마를 콕콕 찌릅니다. 되풀이하면서 아이가 주시하는 것이 확인되면 다음에는 신체의 다양한 부위를 터치합니다.

2 　아이의 반응을 보면서 싫어하는 기색이 없으면 아이의 얼굴이나 몸에 콕콕 찔러봅니다.

３ 여러 번 되풀이하여 아이의 주시가 나타나면 손가락을 움직이면서 눈맞춤 이동에 따른 추시를 촉진하며 지원자 눈앞을 콕콕 찔러서 눈을 맞춥니다(손가락 인형 등을 활용하여 놀이를 발전시켜도 좋습니다).

４ 눈을 맞추면 아이에게 동일한 동작을 흉내내 보도록 부추겨 봅니다.

◇ 원 포인트 어드바이스 ◇

지원자 쪽에서 눈을 아이의 얼굴 아주 가까이에 가져간 다음 '얼굴을 봤네, ○○야!' 하고 말하면서 껴안거나 간질이거나 높이 안아 올리기를 해 주십시오. 이름이 불렸을 때의 반응이나 신체 접촉에 대한 반응을 이끌어내 줄지도 모릅니다.

: 시선이 마주쳤을 때 아이가 좋아하는 감각을 입력한다.

○ 아이가 좋아하는 감각을 찾아내어 눈맞춤을 촉진하고 시선이 마주치면 그 감각을 입력합니다. 좋아하는 감각이란 아이가 흥미를 나타내는 것(간지럼 놀이나 음악, 그네 등)에서 찾을 수 있습니다. 나아가 아이가 좋아하는 감각에 어울리는 놀이용 노래를 활용하면 효과적입니다.

✳ **촉각**에 대한 자극

: 피부로 느끼는 감각. 손이 가장 민감합니다. 접촉이 주는 안심감이 있습니다.

· 아이의 손바닥을 문지른다
· 손을 잡고 팔 전체를 흔들흔들 흔든다
· 손이나 팔을 손바닥 전체로 꼭 쥔다.

✳ **청각**에 대한 자극

: 소리의 크기, 높이, 음색에 대한 감각. 리듬이 포인트가 되는 경우가 있으며 안심감도 있습니다.

· 단추를 누르면 노래가 흘러나오는 동요 그림책으로 음악을 들려준다
· 지원자가 큰북이나 실로폰을 울린다

✳ **평형 감각**에 대한 자극

: 중력이나 회전을 느끼는 감각. 적정한 평형 감각은 정서 안정에 관계한다고 알려져 있습니다.

· 트램펄린에서 서로 마주 보아서 눈이 마주치면 흔든다
· 담요 그네를 사용하여 흔든다

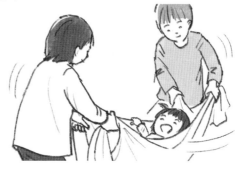

관찰 & 주목 명인 되기

눈맞춤을 배우는 포인트는 관찰에서 시작됩니다. 아이의 행동을 잘 관찰하여 무엇에 흥미를 갖고 있는가, 어떤 자극을 좋아하는가를 찾아 냅니다.

일상의 육아 가운데 어머니들이 자연스레 하고 있는 세 가지 관계 맺기가 있습니다.

첫 번째는 아이가 한 행동을 그대로 흉내내기. 아기가 쌓기 막대로 탕탕 두드리면 같은 방식으로 아기를 보면서 쌓기 막대로 탕탕 치는, 미러링이라는 행동입니다.

두 번째는 아이가 낸 소리를 그대로 흉내내어 아이에게 돌려주는, 모니터링이라는 방법입니다. 아기가 '망망'이라고 하면 그대로 '망망' 이라고 흉내내어 돌려줍니다.

세 번째는 아이의 기분이나 상태를 어머니가 대신 언어로 표현하는 것입니다. 아이가 산책할 때 강아지를 보고 있으면 '귀엽구나' '멍멍이 네' 하고 말합니다. 이것을 패러럴 토크라고 합니다.

이 모두가 아마도 의식하지 않은 채 하고 있겠지만 대단히 중요한 관계 맺기입니다.

〈나와 같은 것을 하고 있다〉

〈나와 같은 것을 말하고 있다〉

〈내가 보고 있는 것을 함께 보고 있다〉

아기는 그와 같은 감각에 안심하면서 그 사람의 존재를 받아들입니다. 모든 관계 맺기는 그 눈길이 따뜻한 쪽으로 향합니다. 눈맞춤과 안심감이 짝지어지면 반드시 그 행동을 정착시키고 늘려줄 것입니다.

발달장애에서는 사실 이러한 관계 맺기가 성립하기 어렵습니다. 그럼에도 사람과의 관계를 거부하고 있는 것은 결코 아닙니다. 커뮤니케이션의 바탕이 되는 이러한 접촉을 되풀이해 나가면 시선의 끝에 있는 엄마를 안심할 수 있는 존재로 받아들이는 기초가 되는 것은 틀림없습니다.

물론 시선이 마주쳤다고 느끼는 것이 절대적인 것은 아닙니다. 마주치지 않는 것처럼 보여도 아이는 십중팔구 보고 있습니다.

맞추려고 무리할 필요는 없습니다. 빨리 눈을 맞추지 않으면 안 돼 하고 초조해할 필요도 없습니다. 조기 개입에서 거론되는 방법을 놀이 속에 끌어들이면서 눈이 마주치면 '얼굴을 봤구나~', '즐겁구나' 하고 패러럴 토크를 써서 기쁨을 공유해 주세요.

눈을 맞추는 시간이 1초 정도에서부터 조금씩 길어지고 있다고 느끼게 됩니다.

손가락 포인팅으로 요구하는 것을 배운다

● **손가락 포인팅의 다섯 발달 단계**

　손가락 포인팅은 아이의 커뮤니케이션 능력의 발달을 생각하는 데 매우 중요한 의미를 가집니다. 손가락 포인팅에는 여러 가지 의미가 있는데 크게 나누어 다섯 가지 발달 단계가 있습니다.

1　지향의 손가락 포인팅 (8~10개월)
　● 손가락으로 가리킨 쪽을 본다

· '멍멍이가 있네' 하고 말하며 손가락으로 가리키는 쪽을 본다

멍멍이가
있네

② 자발적인 손가락 포인팅 (10개월)
● 아이가 발견한 것을 손가락으로 가리킨다

· 무언가 발견한 것을 '앗 앗' 하고 말하면서 손가락으로 가리킨다
· 손가락으로 가리킨 것을 'OO구나' 하고 가르친다

③ 요구의 손가락 포인팅 (12개월)
● 자신이 원하는 것을 손가락으로 가리켜 알린다

· 먹을거리나 장난감 등 자신이 원하는 것을 되풀이하여 손가락으로 가리킨다
· 'OO 갖고 싶구나' 하고 말하며 건넨다

⁴ 서술의 손가락 포인팅 (12~18개월)

● 발견한 것을 전달하고자 손가락으로 가리키며 상대를 본다

· 무언가 발견했을 때 전달하고 싶어서 손가락으로 가리키며 '앗 앗' 하며 말하면서 자꾸 상대를 본다. '○○이구나' '그렇구나, ○○이구나'라고 말로 표현하여 돌려준다

⁵ 반응의 손가락 포인팅 (18개월)

● '○○은 어느 것?'의 질문에 응하여 손가락으로 가리켜서 응답한다

· '멍멍이는 어느 것일까'에 응하여 손가락으로 가리켜서 대답한다. '맞았어! 멍멍이'라고 말로 표현하여 칭찬한다

● 손가락 포인팅에서 2항 관계가 싹튼다

이처럼 손가락 포인팅의 발달 단계를 보면 커뮤니케이션이나 언어의 발달 단계에 잘 상응하고 있음을 알 수 있습니다.

1 지향이나, 2 자발적인 손가락 포인팅은 '2항 관계의 싹 틈', 3 요구의 손가락 포인팅은 '2항 관계의 통과'입니다. 4 서술의 손가락 포인팅은 '3항 관계의 싹 틈'으로, 5 반응의 손가락 포인팅은 '3항 관계의 성립'이 됩니다.

커뮤니케이션은 언어만으로 이루어지는 게 아닙니다. 발달 단계에서는 타자와의 상호 관계에 있어서 언어가 개재되지 않은 커뮤니케이션에도 어려움이 따릅니다. 그렇기 때문에 2항 관계를 싹 트게 하기 위한 손가락 포인팅을 배우는 것은 매우 중요한 스텝입니다. 2항 관계가 성립하지 않은 채 3항 관계가 싹 트는 일은 없습니다.

그리고 3항 관계의 성립은 언어의 획득에 있어서 중요한 역할을 가집니다. 실제의 치료교육 장면에서는 지원자는 먼저 아이와 2항 관계를 키운 다음, 그 이후 단계의 손가락 포인팅의 획득을 목표로 하게 됩니다.

2항 관계   3항 관계

A 손가락 포인팅을 촉진하기

● 손가락 포인팅은 언어가 발달하기 전에 매우 중요한 커뮤니케이션 수단이지만 주위를 보고 자연스레 몸에 익히는 것이 어려운 경우가 있습니다. '가르침을 받아서 배우는' 조기 개입의 방법을 알려 드립니다.

 신체 프롬프터를 사용하여 손가락 포인팅을 부추긴다

○ 아이가 좋아하는 장난감을 시야 안에 두고 아이의 손을 잡아서 좋아하는 장난감을 손가락으로 가리키게 한 다음 그 장난감을 아이에게 건네줍니다.

◇ 원 포인트 어드바이스 ◇

아이들에게는 무언가를 손가락으로 가리키거나 시선을 마주치기 전에 눈에 들어오는 모든 것, 귀에 들어오는 모든 것, 몸에 닿는 모든 것이 정보의 홍수처럼 밀어닥치고 있는지도 모릅니다.

치료교육의 현장에서는 주위의 장난감과 장식물, 사진 등의 자극을 가능한 줄여서 눈앞의 것에 집중할 수 있도록 합니다.

＊**프롬프터 :** 아이에게서 적응 행동을 이끌어내기 위해 지시와 더불어 사용하는 보조적인 자극을 가리킵니다. 여기서 '좋아하는 장난감은 어디에 있을까'라고 말하면서 아이의 손을 가져가 손가락 포인팅을 하게 한 다음 건네주므로 신체 프롬프터라고 하는 것입니다.

그 외에도 제스처나 일러스트, 사진을 보여 주는 것도 프롬프터 역할을 하여 시각적 프롬프터라고 합니다. 모델을 나타내는 모델링 프롬프터, 위치를 마크, 혹은 '○○의 옆'과 같이 알려 주는 위치 프롬프터도 있습니다.

좋아하는 놀이를 통해 요구 행동 부추기기

- -

: 검지를 세워서 손가락 포인팅의 형태를 만들 수 있는지 확인한다.
(손가락으로 가리키기가 어려우면 손으로 가리켜도 괜찮다)

가 　좋아하는 것과 그렇지 않은 것을 고른다

> 1　좋아하는 것(날아라 호빵맨, 볼, 미니카, 과자 봉지, 구슬, 숨바꼭질 그림책, 비눗
> 방울 등)과, 명백하게 좋아하지 않은 것을 아이에게 보여 주어 선택을 부추긴다.

┌ - ┐

◇ 원 포인트 어드바이스 ◇

'어느 걸로 할래?'에서 '어느'의 의미를 아직 모르는 아이들도 있습니다. 그럴 때는
'공? 찰흙?'이라고 보여 주면서 물어봅니다.

└ - ┘

2 아이가 좋아하는 것이나 갖고 싶은 것에 시선을 향하거나 손을 내밀면 지원자가 '○○'이라고 대상물의 명칭만 말하면서 손가락 포인팅을 하며 건네줍니다.

자동차!

◇ 원 포인트 어드바이스 ◇

아이는 스스로 결정하는 것은 아직 서툴러도 고르는 것은 잘 합니다. 선택한다는 행동을 통해 아이가 '스스로 정했다'라는 기분을 가지는 것은 매우 중요합니다. 아이가 선택하면 '선택했구나' 하고 그 행동을 말로 표현해 주십시오.

＊날아라 호빵맨(수제)

종이 접시에 그려진 호빵맨의 얼굴에 음식을 먹여 주는 놀이(노래 곁들여). 아이들이 좋아하는 놀이를 통해 먹을거리의 명칭을 기억하거나 거명된 음식을 건네주는 등 상호 작용하는 행위를 즐길 수 있습니다.

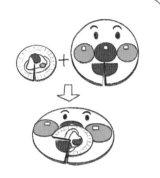

나 좋아하는 것과 그렇지 않은 것을 고른다

1 좋아하는 활동(빙글빙글 노래방, 날아라 호빵맨, 프라 레일, 소꿉놀이, 점토 놀이, 비눗방울 등)의 사진을 지원자가 '○○ 할래?' 하고 손가락 포인팅으로 묻는다.

2 아이에게서 시선을 향하거나 끄덕임, 미소 띤 표정 등 반응이 보이면 그 사진을 손가락으로 가리키면서 '○○이구나' 하고 한 번 더 제시합니다.

◇ 원 포인트 어드바이스 ◇

아이가 반응하는 모습이 보이면 '○○가 갖고 싶구나' '알려 줬구나' '선택했구나' 하고 미소 띤 표정으로 말을 건네주세요. 다양한 말 걸기에 대한 반응을 살펴보면서 언어로는 아직 표현되지 않아도 끄덕임과 미소 띤 표정 등 아이가 잘 반응하는 단어를 찾아내 봅시다.

손가락 포인팅에 반응하면 장난감을 건넨다

1 좋아하는 장난감(그림책, 비눗방울, 미니카 등)을 조금 떨어진 곳에 두고 아이가 다가오는 것을 기다립니다.

2 다가오면 지원자가 손가락으로 가리키면서 'OO 갖고 싶어?' 하고 말을 걸고, 끄덕이기 등 무언가 반응이 있으면 아이에게 건네줍니다.

공
갖고 싶어?

3 마지막에는 좋아하는 장난감 등을 눈에는 보이지만 아이의 손이 미치지 않는 곳에 두고 손이나 손가락으로 가리키는 행동을 이끌어냅니다.

B 　모델을 보여 주기

● 집단 보육이 좋은 점은 주위에 다양한 모델이 있다는 것입니다. 장난감을 손가락으로 가리키고 있는 아이, 울고 있는 아이를 손가락으로 가리켜 선생님께 알려 주는 아이, 높은 곳을 손가락으로 가리키며 '집어 줘' 하고 말하는 아이 등 아이는 자신과 닮은 존재를 분명히 보고 있습니다. 집단생활이 서투르니까 보육 시설에 가지 않는 것이 아니라 그것을 배우기 위해 보육 시설에 가는 것입니다.

 손가락 포인팅 모델로 <u>같은 동작</u>을 부추긴다

○ 형제나 친구들의 협력을 얻어서 손가락 포인팅한 것이 손에 들어오는 것을 보여 줍니다. 그런 다음 신체 프롬프터를 활용하여 같은 동작을 부추깁니다.

'알려 주었구나'

새란다

아이가 좋아하는 장난감을 찾아내어 함께 놀이를 함으로써 '혼자 놀아도 즐겁지만 둘이서 노는 것도 꽤 즐겁다'는 것을 느끼게 해 줍니다.

그런 가운데 상대방의 기분을 느끼거나 상대방에게 생각을 전하고 싶다는 마음이 자라나게 됩니다.

'손가락 포인팅으로 전달하는 것을 배우는' 것은 다음으로 연결되어 언어를 사용한 커뮤니케이션의 기초가 됩니다.

손가락 포인팅 이전의 단계로 크레인 현상(스스로 집을 수 있는 것인데도 상대방의 손을 끌어 가서 집게 하는 동작)이나 손으로 가리키기가 있는데 그럴 때는 '○○이구나' 하고 손가락으로 가리킨 후에 건네줍니다.

그럴 때 '알려주었구나' 하고 말을 덧붙이는 것도 잊지 않도록 하는 데 중요한 것은 '전하고 싶은 마음'입니다.

행동을 언어로 표현하기 전에 아이가 전하고자 했던 것을 언어로 표현해 주는 것이 그 기분을 자라게 해 줍니다. 잘 한 행동은 물론이거니와 '전하고자 했던 행동'에도 주목해야 마땅합니다.

② 손가락 포인팅의 의미를 이해하도록 부추기기

: 손가락으로 가리킨 방향에 '흥미가 있는 대상이 있다'는 인과관계의 이해를 부추깁니다.

가 좋아하는 것을 손가락으로 가리키면서 건넨다

○ 아이가 좋아하는 장난감을 아이의 시야 속에 둔 후 주목하고 있는 것을 확인하고서 '○○이 갖고 싶어?' 하고 손가락으로 가리키면서 아이에게 건네줍니다.

1 시야에 두고

2 주목하면

갖고
싶어?

3 손가락으로 가리키며

손가락 끝에 있는 대상에 주목하게 하기

1   지원자가 비눗방울을 가리키며 터뜨려 보입니다.

2   비눗방울과 지원자의 손가락 끝을 곰곰이 볼 기회를 늘려서 지원자의 손가락 끝에는 '즐거운 것이 있다'고 아이가 생각하게 합니다.

1 손가락으로 가리키며 터뜨리면

2 즐거운 것이 있단다

◇ **원 포인트 어드바이스** ◇

비눗방울은 치료교육에서 최강의 아이템입니다. 앞장에서도 나왔습니다만 눈맞춤을 촉진할 때도 사용합니다. 아이들은 반짝이며 끊임없이 변화하는 대상에 강한 흥미를 느낍니다.

환경 & 주목 명인 되기

손가락 포인팅을 배우는 맨 처음 포인트는 아이가 좋아하는 장난감이나 놀이를 알아내는 것에서 출발합니다.

좋아하는 장난감이나 놀이를 손가락으로 가리켜 선택하게 함으로써 '손가락 포인팅'이라는 행동을 배웁니다. 아이들은 결정하는 것은 의외로 어려워하지만 좋아하는 것을 선택하는 것은 잘 합니다. 실물이나 사진을 보이며 고르게 합니다.

그럼에도 고르는 것을 어려워하거나 좋아하는 것이 드러나지 않을 때는 그림책이나 도감을 사용할 수 있습니다. 혹은 식사 시간에 먹을거리를 손가락으로 가리키는 것부터 시작하는 것도 효과적입니다.

이 시기는 그림책이든 도감이든 본다고 하기보다 뒤적일 뿐일 경우가 대부분이지만 탈것이든 먹을거리든 1쪽에 그림 한 개가 있는 그림책이나 아이가 좋아하는 캐릭터 도감을 활용합니다. 설명하는 글자가 씌어 있어도 상관없습니다.

손가락 포인팅 발달 단계와 동일하게 먼저 〈지향의 손가락 가리키기〉로 어머니나 보육 관계자가 아이의 마음이 되어 '아, 토마스 기차' '아, 호빵맨' 하고 손가락으로 가리키며 놀아 주십시오. 아이는 그 모습을 분명히 보고 있습니다.

아이가 흥미를 나타내면 자연스럽게 아이 쪽으로 도감을 가져갑니다. 함께 손가락으로 가리키거나 아이가 도감을 만지면서 손가락으로 가리키면 곧바로 '그래, 토마스 기차야' 하고 언어로 표현하거나 박수를 치거나 합니다.

박수는 동작과 소리 그리고 지원자의 미소 띤 얼굴이 세트가 되어 있으므로 아이가 무척 좋아하며 모방하기도 쉽습니다. 기뻐하며 스스로 박수 치는 것을 익히면 자신의 기분을 전달하는 방법도 됩니다.

식사는 아직 손가락 포인팅이 전혀 나타나지 않고 있는 단계에서 연습해 볼 좋은 기회입니다. 하루 세 번으로 일상적이며 호오가 확실하므로 자연스럽게 몸에 익히기 쉽습니다.

식탁에 놓인 그릇을 두고 '밥? 빵?' 하고 손가락으로 가리키면서 선택하게 하거나 등 뒤에서 아이의 손을 잡고 유도하거나 형제의 협력을 받아서 모델을 보이는 것도 좋은 방법입니다.

단 식사 때는 손가락 포인팅이 가능해도 그 밖의 것으로 곧바로 확장되지는 않으므로 초조해하지 말고 지속해 주십시오.

그림책이든 도감이든, 먹을거리든 좋아하는 장난감이나 놀이든 아이 편에서 〈자발적인 손가락 포인팅〉이 나타나면 2항 관계에서 3항 관계가 싹트고 있는 것이므로 그 지점부터 아이의 행동은 극적으로 변화해 갑니다.

이처럼 손가락 포인팅을 하기 쉬운 환경을 만들면서 아이가 손가락으로 가리키면 '선택했구나', '그렇구나, 호빵맨이구나', '알려주었구나' 하고 그 행동을 언어로 나타내어 전달합시다.

3 호명으로 돌아보는 것을 배운다

● 왜 이름을 불러도 돌아보지 않을까?

이름 혹은 명칭이 '자신을 가리키고 있다'는 것을 이해하는 것은 언어 발달상으로는 1세 전후라고 알려져 있습니다.

그러나 그 이해와, 나아가 자신의 이름과 다른 소리를 구별하여 이름이 불려졌을 때만 그 음원 방향을 겨냥하여 둘러보는 데는 정보 처리를 위한 몇 가지 작업이 필요합니다.

현재 청력 검사는 생후 곧바로 측정하도록 되어 있으므로 선천적인 청력 장애를 파악하지 못하는 경우는 거의 없습니다.

'이름을 불러도 돌아보지 않는 행동'이 발달장애 진단에 거론되지만 실은 이것은 '행동'이 아닙니다.

〈죽은 사람 테스트〉에 적용하면 이름을 불러도 돌아보지 않는 것은 죽은 사람에게도 가능하므로 '행동'이 아닙니다. 그러므로 여기에서 '행동' 은 '이름을 불러도 돌아보지 않고 무엇을 하고 있는가'입니다.

그러면 발달장애 아이가 이름을 불러도 돌아보지 않을 때 무엇을 하고 있을까요.

대부분의 경우는 무언가에 열중하고 있을 것입니다. 혹은 아무것도 하지 않고 천장을 올려다보고 있다거나 방 안을 뛰어다니고 있을지도 모릅니다. 주위에서 볼 때는 아무것도 하지 않고 있는 것처럼 보여도 아이는 정보 처리라는 '행동' 한 가운데에 있는 것입니다.

아이가 소리뿐만 아니라 여러 감각으로부터 들어오는 정보의 '우선순위를 정하는 것이 서툴다'고 생각해 보십시오.

주위에서 들려오는 다양한 소리와 음성을 듣는 청각, 눈으로 들어오는 시각, 손발에 닿는 촉각, 그것들의 우선순위가 처리되지 않으면, 혹은 시각이나 촉각이 청각보다 우위에 있는 감각이라면 호명에는 좀처럼 반응할 수 없습니다.

그리고 다양한 정보를 처리할 수 없어서 불안을 느끼면 우선 천장을 보거나 뛰어다녀서 그 몸에 내려앉은 불안하고 곤란한 상황을 극복하려 할지도 모릅니다.

뛰거나 까치발로 걸어서 운동에 의한 감각 입력을 무의식적으로 강화함으로써 그 외의 정보가 들어오기 어렵게 하고 있는지도 모릅니다.

혹은 천장을 봄으로써 모든 정보 입력을 차단하고 있는지도 모릅니다. 어쨌거나 아이가 스스로 불쾌한 상황을 선택하지는 않습니다.

이름이 불리면 돌아본다는 행동의 우선순위는 성인이 생각하고 있는 것보다 훨씬 낮을지도 모릅니다.

● 아이의 이름을 부를 때는 먼저 주의를 끈 다음 부릅니다.

 어느 <u>단계</u>에서 반응이 오는지 알아냅니다

- -

1 아이 쪽을 향한 다음 어깨나
　 팔을 톡톡 건드려서 돌아보
　 면 이름을 부릅니다.

- -

2 아이의 시야 안으로 들어간
　 다음 이름을 부릅니다.

3 아이의 뒤에서 어깨나 팔을 톡톡 건드린 다음 이름을 부릅니다.

---

4 아이의 뒤에서 이름을 부릅니다.

○○야

○ 1,2,3,4의 다양한 단계에서 이름을 불러 보아 어느 단계에서 반응을 하는지 알아 냅니다. 이때 1이나 2에서는 시선을 피하는지 어떤지도 확인합니다.

◇ **원 포인트 어드바이스** ◇

삼출성 중이염 등을 앓고 있는 아이들도 있습니다. 의심될 때는 이비인후과의 진료를 받아 보시기 바랍니다. 청력에 문제가 없다면 돌아보지 않을 때 아이가 무엇을 하고 있는지 관찰해 봅니다. 반응하지 않고 무엇을 하고 있는가, 반응할 때는 있는가, 어떤 때 반응하는가 관찰해 봅니다.

2 좋아하는 것을 이용하여 말을 걸기

: 호명하기 전에 아이의 주의를 끌고, 나아가 호명에 동반되는 정보량
을 늘려 봅니다.

○ 아이가 좋아하는 장난감을 지원자의 얼굴 가까이에 두고 이름을 부릅니다.

○ 이름을 부르며 좋아하는 놀이 카드를 고르도록 부추깁니다.

○ '○○야, 갑니다~' 하고 말을 건 다음 아이가 돌아보면 비눗방울을 불어 보입니다.

1 말을 겁니다

○○야

2 돌아보면

후

◇ 원 포인트 어드바이스 ◇

이름이 불려서 돌아보기 위해서는 '그것이 자신을 가리키고 있다'는 이해, 나아가 '그 정보가 자신에게 있어 우선시되는 것'이라는 이해가 필요합니다. 돌아보면 우유 를 먹을 수 있다, 선생님이나 엄마의 미소 띤 얼굴이나 포옹이 기다리고 있다, 자신 이 좋아하는 것이 있다 등의 체험 속에서 호명에 따라 돌아보는 행동을 체득하게 됩 니다.

반응하기를 기대하여 몇 번이고 되풀이하여 부르면 '돌아보아도 아무것도 없잖아' 하고 돌아보지 않게 되는 아이도 있을지 모릅니다.

B   부르는 소리·강약·리듬을 달리하여 보기

● 주의를 끌고 정보량을 늘려도 반응이 미약할 때는 좋아하는 소리나 CM 곡 등을 이용하는 것도 추천합니다.

 좋아하는 소리로 반응이 있는지 찾는다

○ 악기(실로폰, 캐스터넷, 금속음 등)나 좋아하는 곡(동요나 CM 곡 등)에 반응이 있으면 그 소리를 이용하여 주의를 끕니다. 돌아보면 이름을 부릅니다.

② 아이의 소리를 흉내내기

○ 아이가 '마, 마, 마' 하고 소리 내고 있으면 그대로 '마, 마, 마'. 아이가 알아차리지 못하면 과장되게 흉내내어서 알아차리면 곧바로 말을 걸어서 '○○야' 하고 부릅니다.

◇ 원 포인트 어드바이스 ◇

흥미를 가진 것에 돌아보는 아이의 반응과 관련하여 아이가 돌아보았을 때 '응, ○○야' 하고 이름을 부르는, 거꾸로 발상도 활용할 수 있습니다. 돌아보는 것과 이름을 불리는 것이 세트가 됨으로써 '즐거운 것이 있다'는 체험을 만들어 보는 것입니다.

☾ '안녕' 동작 배우기

● 아직 '이름을 불리면 돌아본다'는 스킬이 몸에 익지 않았을 때는 신체 프롬프터를 활용하여 '안녕' 동작을 배웁니다.

1 동작의 시범을 보여 준다

○ '○○야' 하고 부르면서 동시에 아이의 손을 '안녕' 하고 말하며 올립니다. 혹은 지원자가 정면에서 '안녕' 동작을 하고 다른 지원자 한 사람이 뒤에서 아이의 손을 올립니다. 싫어하지 않고 따르면 '안녕, 할 수 있구나' 하고 칭찬합니다.

② 사람이 시범을 보여 준다

> ○ 주위 사람이나 형제의 협력을 얻어서 시범을 보여 줍니다. '○○야', '안녕' 하고 시범을 보이고 하이파이브를 하거나 아이가 좋아하는 장난감을 줍니다.

◇ 원 포인트 어드바이스 ◇

'안녕' 대신에 터치를 해도 괜찮습니다. 아직 바이바이를 하지 않거나 시선을 맞추지 않아도 터치를 하는 경우는 곧잘 있습니다. 손바닥을 직접 마주 댄다는 감각이 안심감을 주어서 알기 쉬운 게 아닐까 생각합니다.

관찰·원인·환경 & 주목 명인

'이름을 불리면 돌아보기'를 배우려면 부모 역할 훈련의 4가지 명인(관찰, 원인, 환경, 주목)을 총동원해야 합니다.

'죽은 사람 테스트'에서 알아보았듯이 돌아보지 않는 것은 행동이 아닙니다. 돌아보지 않고 무엇을 하고 있는지가 행동입니다.

그 행동을 ABC 분석해 가면서 관찰합니다. 돌아보지 않는 원인이 어디에 있는지 관찰합니다.

'이름을 부르기 전에 존재하는 원인'으로 생각할 수 있는 것은 무언가 다른 것에 집중하여 귀에 들어오지 않거나, 주변의 자극이 너무 많아서 기분을 안정시키기 위해 호명을 포함한 정보를 일시 차단하고 있는 것입니다.

그럴 때는 아이의 앞으로 가서 주의를 끈 다음 정보를 알기 쉽게 전달합니다. 또 좋아하는 소리나 장난감을 활용하여 정보량을 증가시켜 봅니다.

'이름을 불리면 돌아본다'는 스킬이 아직 몸에 익지 않았을 때는 사진이나 카드, 나아가 시범 모델을 활용하여 동작 모방부터 연습합니다.

'호명에 반응하지 않는다'는 결과에 원인이 있다고 생각할 때는 돌아보지 않는 결과로 아이가 어떤 상태를 획득하고 있는지 생각하면 알기 쉽습니다.

'이름을 부르기 전에 하고 있었던 것을 계속 한다', '어머니나 보육 선생님이 옆에 와 준다'.

즉 지금 하고 있는 것을 지속하고 있는 상태가 되든지, 혹은 어머니나 보육 선생님이 곁에 와서 알은체를 해 주는 상태를 획득하고 있습니다. 달리 말하면 지금 하고 있는 것을 그만두는 것이 싫거나, 누군가가 곁에 와 주는 것이 좋은 게 된다고 할 수 있습니다(38쪽 참조).

어느 경우든 이름을 부르는 기회를 조금 압축하여 돌아보면 무언가 기쁜 일이 있다고 하는 인과관계를 배우는 것이 기본이 됩니다.

'주스를 마실 수 있다'. '목마를 태워 준다', '바깥으로 산책을 갈 수 있다'.

그럴 때 '○○야, 주스 마셔', '○○야, 목마 태워 줄게', '○○야, 밖에 가자' 하고 호명에 동반하는 행동을 말로 표현하여 '돌아본다'는 행동에 즐거움이 따른다는 것을 공유합니다.

그런데 이름을 불리면 돌아본다는 스킬이 아직 몸에 익지 않았을 경우는 돌아보는 행동에 집착하지 않고 '○○야, 밥 먹어', '○○야, 신발 신자', '○○야, 욕조에 들어가자' 등 일상적인 흐름 속에서의 지시에 반응하여 행동하는 것을 우선해도 괜찮습니다.

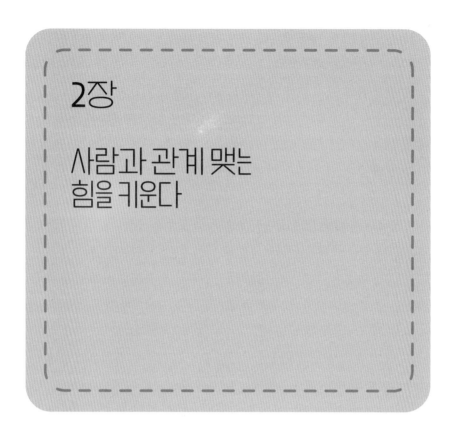

2장

사람과 관계 맺는
힘을 키운다

발달장애에 있어서 자폐 스펙트럼 장애나 주의력 결핍 과잉행동 장애
(ADHD)라는 용어는 오해를 불러일으키기 쉬울지도 모릅니다.

ADHD의 주의력 결핍은 부주의가 아니라 주위의 다양한 것에 흥미를
느끼는 다주의(多注意)라는 점은 흔히 거론되며, 과잉행동 즉 다동(多動)은
행동력이 있고 충동성은 적극적이라고도 말할 수 있습니다.

늘 주위에 안테나를 온통 뻗쳐서 생각이 미치면 먼저 행동부터 한다.
현대에서는 그야말로 벤처 기업가 성향입니다.

자폐 스펙트럼도 사람과의 관계를 싫어하고 거부하는 것이 결코 아닙니다. 하고 싶어도 왠지 잘 되지 않는 것입니다. 주위에 맞추기보다 자신의 세계를 중요시함으로써 독창적인 발견을 하게 될지도 모릅니다.

성인은 그때까지의 경험이나 지식으로, 혹은 잃고 얻을 것을 계산하면서 그 사회에서 통용되는 적응 행동을 몸에 익혀 나갑니다.

경험이나 지식이 없어서 그것이 아직 가능하지 않은 아이들을 책망할 수는 없습니다.

사람들과 관계하지 않고 살아가는 것도 현대와 같은 정보사회에서는 하나의 삶의 방식으로 선택할 수도 있습니다. 그러나 혼자서는 살 수 없다는 것도 사실입니다.

오랜 세월 내내 살기 힘들었는데 어른이 되어서야 발달장애라고 진단받고는 자신의 잘못 때문이 아니었다고 가슴을 쓸어내렸다면, 중요한 것은 그러면 지금부터 어떻게 살아갈 것인가 하는 것이 되겠지요.

아이들이 겪는 어려움을 줄이고, 2차 장애를 일으키지 않도록 하면서 살기에 편한 체험을 보증하며, 적응 행동을 몸에 익혀 가는 것, 그리고 지금부터 어떻게 살아갈 것인가 하는 것을 주위의 어른들이 함께 생각해 나가지 않으면 안 됩니다.

그것을 위해 필요한 커뮤니케이션 능력의 기초 만들기를 배워 봅시다.

4

함께 노는 즐거움을 배운다

● 혼자 놀기는 발달 단계의 한 과정

까꿍 놀이로 대표되듯이 즐거움을 공유하는 것이 타자에 대한 기대감과 사람에 대한 흥미나 호기심을 키워 줍니다.

'혼자도 즐겁지만 둘도 즐겁단다', 이것을 아이들이 배우는 방법을 생각해 봅시다.

다른 아이에게 관심을 나타내지 않거나 혼자 노는 것을 좋아한다면 집단 속에서는 매우 걱정이 됩니다.

그러나 그것은 집단 속이어서 비로소 걱정되는 행동으로, 집단이라는 환경 속에서만 일어나는 행동, 이라고 말할 수도 있습니다. 보육 기관의 선생님으로부터 '집단행동이 안 되고' '친구들 사이에 끼어들지 않을' 때는 어떻게 하면 좋을까요 하는 말을 자주 듣습니다. 어머니들로부터도 '어떻게 하면 좋을까요' 하는 상담을 받을 때도 있습니다.

하지만 집단행동은 집단 속에서만 배울 수 있습니다. 어머니께는 '보육 기관에 맡깁시다'라고 늘 말씀드립니다.

아이의 놀이에는 단계가 있습니다.

1　주위 사람의 놀이를 보고 있는 단계
2　어른이 만든 것을 부수어서 즐기는,
　　<도움 놀이>라고 불리는 단계
3　자신이 만든 것을 부수거나 던지는 등
　　궁리하는 <혼자 놀이>의 단계
4　다른 아이와 같은 놀이를 제각각 하는, <평행 놀이>의 단계
5　다른 아이와 역할 분담을 하여 노는, <협동 놀이>의 단계.

즉 혼자 놀이라는 것은 놀이의 발달 단계의 한 과정이며 혼자 놀이밖에 하지 않을 때는 그 아이의 놀이의 발달이 무언가의 이유로 그 단계에 머물러 있다고 생각할 수도 있습니다.

그러나 혼자 놀이라는 것은 결코 단순히 미숙한 단계가 아니라는 것도 이해해 둘 필요가 있습니다.

어른이 '오늘은 혼자서 지내고 싶어'라는 기분을 느끼는 것은 드문 일이 아닙니다. 아이가 혼자 놀이를 하고 있을 때는 결코 불쾌해서가 아니라 그때 가장 안심할 수 있는 행동을 선택한 것인지도 모릅니다.

집단 속에서 보이는 혼자 놀이를 '집착'이라든가 '문제 행동'이라고 단정하지 말고 아이의 세계를 아는 기회라고 생각하면 보는 시각도 달라질 것으로 생각합니다.

Ⓐ 아이의 놀이에 약간 개입하기

● 우선 아이가 좋아하는 놀이를 알아내는 것부터 시작합니다. 이쪽의
생각대로 진행되지 않을 것은 각오하고 아이의 모습을 관찰하면서 알아
내는 도리밖에 없습니다.

  아이의 **동작을 흉내내기**

- -

: 좋아하는 놀이를 알아내어 놀고 있는 아이의 동작을 흉내낸다.

○   예를 들어 소꿉놀이라면 냄비로 야채를 끓이기, 칼로 야채를 자르기, 인형에게
밥 먹이기, 옷 갈아 입히기, 자동판매기에 동전을 넣어서 주스 사기, 스푼으로 접시에
나눠 담기 등 아이의 동작을 그대로 흉내냅니다.

집착은 찬스!

우리들 어른이 '집착'이라고 부르는 것은 그때까지의 짧고 작은 경험 속에서 아이가 스스로 가장 안심되는 상태를 선택하고 있는 것이라는 느낌이 듭니다.

엄마나 보육 교사로부터 '집착이 강해서 곤란합니다'라든가 '집착하는 게 많아서 걱정입니다'라는 말을 자주 듣습니다.

하지만 무척 좋아하는 장난감을 갖고 놀다가도 '밥 먹어'라고 했을 때 바로 그만두는 것도 그것대로 걱정스럽습니다.

좋아하는 것을 계속 하고 싶다는 감정 자체는 매우 자연스러운 것입니다. 어른에게는 허용되는 것을 왜 아이에게는 '집착'이라고 하는 것일까요.

그러나 실제는 아이가 좋아하는 놀이를 알아내는 것이 어려운 경우도 적지 않습니다. 어떤 것에도 전혀 흥미를 보이지 않는 경우도 있습니다. 흥미를 나타낸 듯이 보여도 다음 순간에는 다른 것으로 흥미가 옮겨가 버리는 경우도 드물지 않습니다.

'집착'이 있다는 것은 오히려 아이의 세계를 알고 그 세계에 들어갈 수 있는 기회라고 생각합니다.

2 아이의 놀이에 살짝 <u>개입하기</u>

: 아이와 같이 놀면서 놀이의 일부를 도우며 자연스럽게 개입한다.

○ 공을 구멍에 넣고 즐거워하고 있을 때 공을 건네준다.

○ 그림을 그리고 있으면 종이를 눌러 주거나 원하는 크레파스를 건넨다.

○ 소꿉놀이에서 야채를 자르는 아이에게 야채를 건넨다.

◇ 원 포인트 어드바이스 ◇

개입할 때 장난감을 건네주는 것은 괜찮은가, 장난감을 만지면 싫어하는가 등 지원자의 개입 정도에 관한 한계선을 알아볼 수도 있습니다. 개입을 싫어한다, 혹은 개입하면 그 놀이를 그만둘 때는 평행 놀이를 계속하면서 개입할 타이밍을 찾습니다.

놀이의 단계에서 살펴보았듯이 혼자 놀이의 다음은 평행 놀이라고 불리는 단계가 됩니다.

그 평행 놀이에서부터 조금씩 아이의 놀이에 개입함으로써 혼자 놀이의 세계에서 조금 빠져나오는 즐거움을 함께 맛보도록 합니다.

● 아이와 평행 놀이를 하면서 여기에도 사람이 있다고 하는 것을 의식하게 합니다. 보육 시설이라면 다른 아이를 의식하게 해도 괜찮습니다.

 간지럼으로 아이의 요구를 끌어내기

: 원하는 것이 바로 손에 들어오지 않도록 간지럼으로 요구를 이끌어냅니다.

○ 원하는 것이 바로 손에 들어오지 않도록, 손을 뻗어오면 건네지 않고 간지럼으로 눈맞춤이나 손가락 포인팅을 이끌어냅니다. 너무 애태우지 않고 쾌반응(아이가 기뻐하고 있다) 내에서 건넵니다.

뭐가 갖고 싶어?

2 다른 아이의 놀이에 주목하게 하기

: 아이에게 다른 아이가 놀고 있는 모습을 주목하게 한 다음 그 가운데 아이가 주목하거나 흥미를 보인 놀이를 고릅니다. 그러고는 놀던 아이가 사라지면 같은 놀이를 해 봅니다.

○ 예를 들어 트램펄린에서 뛰고 있는 다른 아이의 모습을 함께 지켜보고 아이가 주목하면 그 아이가 트램펄린에서 내려온 다음 트램펄린에 올라갑니다(아이들이 서로 싫어하지 않으면 함께 같은 놀이를 해도 효과가 있습니다).

1 다른 아이의
  놀이에 주목

2 다른 아이가 내려온
  후에 올라갑니다

3 방해해서 다른 사람을 의식하게 하기

: 놀이에 개입한 다음 싫어하지 않으면 약간 방해를 해서 다른 사람을 의식하게 합니다. 혹은 약간 도움을 주어 잘 진행되게 함으로써 다른 사람의 존재를 의식하게 합니다.

○ 아이가 가지고 놀고 있는 것을 감춘 다음 불안해하기 전에 재빨리 꺼냅니다.

○ 공을 건네주는 것을 일부러 조금 늦춘 다음 아이에게서 요구 행동이 나오면 '공이야'라고 말하며 건넵니다.

④ 강조한 평행 놀이를 하기

: 아이가 하고 있는 놀이와 약간 다른 놀이를 하여 흥미를 갖게 합니다.

○ 아이가 흥미를 나타낸 것을 지원자가 먼저 시도하여 '내가 좋아하는 것을 하고 있는 사람'이라고 생각하게 합니다. 예를 들어 아이에게 장난감 레일을 보인 후 아이가 관심을 나타내며 손으로 건드려 혼자 놀이를 시작하면 그 옆에서 선로를 만들어서 기차를 달리게 하며 즐기는 것을 보여 줍니다.

◇ 원 포인트 어드바이스 ◇

장남감 레일이나 미니카로 놀고 있을 때 일부러 반대쪽에서 달리게 하여 '쿵' 하고 충돌시킵니다. 그런 다음 아이 편에서 지원자의 기차나 미니카에 충돌시키는 놀이를 되풀이 하여 즐기는 것이 가능하게 되면 지원자에 대한 의식이 향상됩니다.

⊂ 사람으로부터 놀이를 출발하기

● 놀이를 제공하는 원천은 '사람'이라는 점에 대한 인식을 촉진합니다. 혼자서는 할 수 없는 놀이가 효과적입니다. 아이들은 회전이나 중력을 느끼는 놀이를 무척 좋아하므로 다양하게 시험해 보십시오.

① 사람이 개입하는 놀이를 하기

○ 담요 그네에서 눈맞춤이 일어나면 흔들기의 강도나 리듬을 바꿉니다. 흔들림을 변화시켜서 눈맞춤이나 미소가 나타나면 일단 바닥에 내려놓고 요구의 눈맞춤을 기다린 다음 눈맞춤이 발생하면 다시 흔드는 것을 반복합니다.

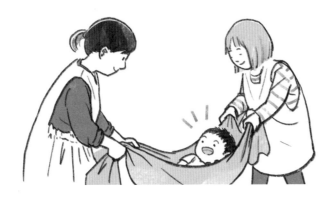

○ 외나무 다리 간질간질 등의 촉각 놀이에서 아이의 반응을 확인하면서 간질간질의 강도나 노래의 강약에 변화를 줍니다.

○ 비눗방울이 사라진 다음 눈맞춤이 있으면 비눗방울을 다시 붑니다. 없더라도 '또 한 번 하는 거야' 하고 아이의 눈앞에서 되풀이하여 비눗방울을 붑니다.

○ 어부바를 좋아하는 아이라면 어부바 달리기로 흔들림을 즐깁니다. 도중에 한 번 멈추어서 '한 번 더 할까?' 하고 물으면서 다시 달리는 것을 되풀이합니다.

◇ 원 포인트 어드바이스 ◇

아이가 지원자와 놀게 되면 '함께 노니까 즐겁구나' '함께야' '또 함께 하자꾸나' 하고 '함께'라는 단어를 의식하면서 아이에게 말을 걸어 줍니다. 이것이 여기에서 부모 역할 훈련의 키워드가 됩니다.

환경 & 주목 명인 되기

혼자 놀이가 나쁜 게 아닙니다. 혼자 놀이에는 혼자 놀이 나름의 의미가 물론 있습니다.

자신의 속도로 놀고 싶다, 늘 사용하는 것을 확보해 두고 싶다, 다른 아이에 대한 관심이 아직 키워져 있지 않다 등 어떤 이유이든 혼자 놀이를 할 때는 자신이 지내기 편한 상황을 선택하고 있는 것입니다.

그런 아이에게 지내기 좋은가 아닌가의 판단은 있어도 〈좋다〉 〈나쁘다〉라는 판단은 어디에도 없습니다. 발달장애이든 아니든 아이들의 행동을 어른의 기준에서 〈좋다〉 〈나쁘다〉라고 생각하여 나쁜 것이니까 금지한다는 식의 접근 방법은 절대로 잘 진행되지 않습니다.

그것은 아이가 지내기 편한 환경을 빼앗는 것이 될 뿐입니다. 지내기 편한 안심할 수 있는 장소나 물건, 행동을 금지당하면 누구나 불안해지고 심할 경우 패닉을 일으키게 될 것입니다.

필요한 것은 금지나 질책이 아닙니다. 그 상황에 맞는 적응 행동이 가능한 환경을 어떻게 아이들에게 제공할까 하는 것입니다. 그것은 아이들이 생각해 내야 하는 문제가 아닙니다. 분명히 어른들의 일이며 어른이 행해야 할 관여입니다.

아이들은 아직 매우 짧은 경험에서 얻은 선택지 가운데 가장 안심할 수 있는 행동을 선택하고 있을 뿐입니다.

그럼에도 놀이를 통해 '혼자도 즐겁지만 둘이어도 즐겁다'는 것을 배우는 것은 아이들의 체험의 폭을 확실하게 넓혀 줍니다.

주위 환경과의 부딪침에서 생기는 일상생활의 불편함이 줄어들고 나아가 지내기 편하게 됩니다. 아이가 지내기 편하다는 것은 바꿔 말하면 어른도 지내기 편하게 된다는 것입니다.

'혼자도 즐겁지만 둘이어도 즐겁다'는 것을 배우기 위해서는 먼저 놀이를 통해 '혼자가 아니야, 또 한 사람 있단다'라는 것을 의식하게 하지 않으면 안 됩니다.

그러기 위한 한 가지 방법으로 아이가 하고 있는 것을 놀이로 바꾸는 방법이 있습니다.

아이들은 준비된 놀이에는 좀처럼 반응해 주지 않습니다. 블록을 던지거나 종이를 찢고 문을 여닫는 등 예측되지 않는 행동을 합니다. 그럴 때는 못 하게 할 것이 아니라 놀이로 바꾸어 함께 즐기면 됩니다.

상자를 겨냥해 블록을 던지거나 찢은 종이를 말아서 피리처럼 만들거나 문을 열면 간질간질 하는 식입니다.

어른 쪽에서 아이의 세계로 들어가면 '내가 좋아하는 것을 해 주는 사람'이라는 감각이 생깁니다. 거기에서 사람에 대한 공감성이 생겨납니다. 그럴 때 아이는 자신의 세계로부터 한 걸음 내딛고 있는 것이겠지요.

5

감정 전달을 배운다

● 왜 말로 기분을 전달하지 못할까?

커뮤니케이션의 방법은 언어에만 한정되지 않습니다. 제스처나 표정, 행동으로 호소하기도 합니다.

그러면 사람은 왜 언어를 사용하게 되었을까요.

새나 개, 고래가 다양한 소리를 낸다는 것은 누구나 알고 있습니다. 구애 행동이거나 동료에게 위험을 알리거나 먹이가 있는 곳을 가르쳐주는 등 목적에 따라 소리를 내는 방법이 다릅니다.

집단에서 커뮤니케이션 수단이 되는 이런 것들은 본디 개별 혹은 집단으로 살아남기 위해 발달해 온 것입니다.

배가 고픈 아기는 우선 목청껏 웁니다. 다음으로 우유를 가리키며 '앗 앗' 하고 소리를 냅니다. 그리고 다음에는 '우-, 우-' 하고 말로 표현하며 요구합니다.

이 같은 행동의 변화는 손가락 포인팅과 발성 모두 이미 유전적으로 아기에게 새겨져 있기 때문일 것입니다.

그런데 그 유전자의 스위치를 켜기 위해서는 어른 쪽에서 말을 걸어야 합니다.

'배가 고프구나' '우유?' '자, 우유야' 하고 아이가 소리를 낼 수 있다면 하고 싶어할 말을 대신하여 말을 걸어 주는 행동이 없다면 '우-, 우-' 하는 요구의 말이 자연적으로 나오지는 않을 것입니다.

그와 마찬가지로 좋아하는 놀이를 통해 먼저 기분을 전달하고 싶다고 생각하는 것이 커뮤니케이션의 출발점입니다.

그리고 '그 기분을 전달하는 방법이 있다'는 것을 배웁니다. 그 행동이나 동작을 언어로 표현하면서 조금씩 언어로 치환시켜 나갑니다.

A 좋아하는 장난감부터 알아내기

● 아이가 좋아하는 것을 알아내는 것부터 시작합니다. 장난감을 가지고 노는 놀이나 트램펄린 같은 운동 등 어떤 것이라도 괜찮습니다.

1 청각 자극이 있는 것부터

: 봐서 즐겁고 소리도 즐길 수 있는 것을 고릅니다(리드미컬하면서 작은 소리가 알아차리기 쉽습니다).

> ○ 만지면 소리가 나는 장난감이나 움직이면 소리가 나는 장난감, 음악이 흘러나오는 장난감 등 만지고 있을 때만 소리가 나는 장난감은 행동과 결과의 관계를 알기 쉬우므로 추천합니다.

◇ 원 포인트 어드바이스 ◇

아이에게 자발성이 보이지 않을 때는 지원자가 아이가 좋아하는 것을 두세 가지 제
시하여 고르게 하고, 다음에는 이전에 반응이 좋았던 장난감을 준비하여 다시 아이
에게 고르게 합니다.

◇ 원 포인트 어드바이스 ◇

아이가 좋아하는 장난감을 알아낼 때 '미니카?, 쌓기나무?' 하고 양손에 들고 제시합
니다.
'어느 쪽? 이것?'이라든지 '어느 것으로 할래?'라는 것은 아이에게는 무척 알기 어렵
습니다. 처음에는 각각 실물을 제시하면서 명칭만을 말하도록 합니다.

○ 크레인 현상이 나타났을 때는 아이의 손바닥을 패킹(감싼다)하여 갖고 싶어하는 장난감 쪽으로 지원자의 손을 움직여 이끌어 갑니다. 이때 아이의 손을 흔들흔들 조금씩 움직여서 지원자에 대한 눈맞춤을 부추깁니다. 발성 등 다른 요구 수단이 나타났을 때도 '○○이구나'라고 말을 하면서 같은 방식으로 응하도록 합니다.

장난감
가지러
가자꾸나

✳**크레인 현상:** 크레인 현상은 리모컨 등 스스로 집을 수 있는 것을 부모 손을 가져가 집게 하거나 주스가 마시고 싶을 때 부모의 손을 잡아서 냉장고 앞까지 이끌고 가는 동작을 가리킵니다. 자폐를 의심하는 징표로 널리 알려져 있는데 언어가 나타나기 전의 아이에게 보이는 현상이므로 오히려 기분을 전달하고 싶어하는 욕구의 씨앗이라고 생각할 수도 있습니다.

3 알아채지 못하도록 개입하여 돕기

: 아이에게 들키지 않도록 개입하여 돕습니다. 그렇게 '해냈다'는 체험을 축적하게 함으로써 놀이를 좋아하게 합니다.

○ 형태 맞추기 등에서는 본체 쪽을 아주 살짝 움직여서 어디까지나 아이의 힘만으로 메꾼 것처럼 보이게 합니다. 물론 '해냈구나!' 하고 박수를 치면서 말을 건넵니다.

○ 공을 잡으려 하지 않는 아이에게 지원자의 손바닥에 올려진 공을 보이고, 아이가 공을 살짝 건드리면 지원자가 공을 넣는 움직임을 취하여 아이가 스스로 공을 넣은 것처럼 합니다.

◇ **원 포인트 어드바이스** ◇

그림책 넘겨서 보기 등으로 개입형 도움을 줄 경우 손끝보다 팔꿈치 부근을 잡고 도움을 주면 아이가 싫어하지 않고 알아차리기도 어렵습니다

● 좋아하는 것을 고른다는 것은 아이에게 매우 자연스러운 행위입니다. 무엇을 할까, 어떻게 할까를 결정하지 못해도 선택하는 것은 오히려 어른에 비해 더 잘 할지도 모릅니다.

 선택하면 칭찬한다

○ 아이가 좋아하는 것과 전혀 그렇지 않은 것을 아이 앞에 제시하여 고르게 합니다. 그런 다음 고르면 칭찬합니다. 언어가 나타나지 않을 때는 손가락으로 가리키고, 손가락으로 가리키는 것이 어려울 때는 시선으로 선택한 것을 건네줍니다. 서서히 선택지를 세 개, 네 개로 늘려 갑니다.

○ 아이가 좋아하는 놀이를 준비하여 '할래?'라는 물음에 '할게'(흉내내기도 됨)라고 말하면 놀이를 제공합니다. '하지 않을 거야?'라는 물음에 '안 해'라고 말하면 놀이를 제공하지 않습니다. 이런 주고받기 속에서 언어가 지닌 조작성을 아이가 배우게 합니다.

◇ 원 포인트 어드바이스 ◇

'할래?' '안 해?' 하고 물어서 앵무새처럼 흉내를 내더라도 대답을 하면 '할래, 말할 수 있네!' 하며 호들갑스럽게 칭찬합니다. 언어로 나타내는 것의 기쁨을 지원자가 아이와 공유하면 기분을 전달하고 싶어하는 아이의 마음을 키워 줍니다. 그것이 어려울 때는 모델을 제시하면서 음성 모방을 촉진하고, 그리하여 말할 수 있으면 오케이입니다.

기분을 전달하는 모델 제시하기

● 그림 카드나 사진으로 모델을 제시함으로써 동작 모방이나 음성 모방을 부추깁니다.

1 시각적 이미지를 제시한다

○ 대화 장면의 사진을 보이며 사진의 상황을 설명합니다. 즉 시각적인 이미지를 제공하면서 상대의 질문에 어떻게 답하는지를 연습합니다.

2 대화의 모델을 제시한다

○ 질문하는 역할과 대답하는 역할을 설정하여 아이에게 보여 줍니다. 지원자가 질문하는 역할이 되어 보호자나 형제에게 아이가 대답할 말을 대변하게 합니다. 이때 어떻게 대답하는지 아이가 알기 쉽도록 대답하는 역할을 맡은 사람의 앞에 앉히도록 합니다.

◇ 원 포인트 어드바이스 ◇

대화는 처음엔 간단하게 '안녕하세요' 등 인사에서 시작합니다. 질문도 '블록을 좋아합니까?' '네'와 같이 '네' 혹은 '아니요'로 대답할 수 있는 닫힌 질문에서부터 시작해 주십시오.

환경 & 주목 명인 되기

제스처이건 손가락 포인팅이건 '자신의 기분이 상대에게 전달되는 것이 기쁘다'는 것을 어른과 공유하는 체험을 쌓아 나갑니다. 그러기 위해서는 아이에게 입력하기 쉽고 아이가 출력하기 쉬운 환경이 중요합니다. 주위로부터 자극이 적거나 익숙한 장소에서 눈앞의 사물이나 사람에게만 관심이 향하도록 합니다.

관심을 받고 싶어 엄마를 때리는 것도, 생각대로 되지 않아 발작을 일으키는 것도 아이에게는 표현의 수단으로 〈좋다〉 〈나쁘다〉의 판단 대상이 아닙니다. 더구나 발달장애의 증상은 아닙니다.

전달하고 싶은 것이 있는데도 말로 전달할 수 없으면 어떻게든 전달하려고 합니다. 그런데도 잘 전달할 수 없으면 때리기도 합니다. 발작의 정도는 상대의 반응이 확실하게 얻어질 때까지 더 세어질지도 모릅니다.

어른에게도 감정은 있습니다. 컨디션이 안 좋을 때도 있고 업무로 스트레스가 쌓여 있을 때도 있습니다. 무심코 아이에게 화를 낼 때도 있습니다. 그래도 괜찮다고 생각합니다. 화를 내면 안 되는 것은 아닙니다.

'어른일지라도 잘 안 될 때가 있어. 하물며 아이라면'이라고 생각하면 됩니다. '아까는 화내서 미안해', '블록 쌓기가 잘 안 된 거구나'.

어른도 다음에 잘 할 수 있으면 그걸로 된 겁니다.

이미 일어난 발작도 되돌릴 수는 없습니다. 멈추게 하려면 점점 더 심해질 따름입니다. 자신의 기분을 표현하지 말라고 금지당하면 어른도 차분해질 수 없습니다. 안정되는 것을 기다릴 수밖에 없습니다.

조금 떨어져서 양상을 지켜보든가 꼬안고는 '괜찮아, 괜찮아' 하고 말을 걸든가, 잠시 시간을 준 다음 좋아하는 놀이를 하도록 청하든가, 그렇게 하면서 가라앉는 것을 기다립니다.

진정하여 행동이 전환되면 그 행동만 언어로 표현하여 말을 걸어 줍니다. '퍼즐 맞추고 있구나', '포옹은 즐거워', '점프, 점프!'. 발작을 일으키는 것보다 이쪽이 즐겁고 지내기 편하다고 생각하게 되면 OK입니다.

이것은 어느 어머니에게 배운 방법입니다. 아이가 주먹으로 때리면 그 손을 쥐고 '악수-' 하고 웃으면서 악수로 바꿔버렸다고 합니다.

본디 돌아보고 아는 체하기를 바랐던 터라 아이 입장에서는 최고의 리액션입니다. '주스 마실래?', '자, 무얼 할까-' 하고 말을 걸면 아이의 기분은 한층 더 안정됩니다. 자연스럽게 다른 행동이나 놀이로 전환시키는 모범이라고 할 수 있습니다.

다음에 악수하러 와 준다면 된 것입니다.

6

사람과의 연결을 배운다

● 사람에게 흥미가 없나?

'혼자도 좋지만 둘도 즐겁단다'. 이것은 자신과 다른 또 한 사람에게 마음이 향하는 것을 의미합니다.

아이가 혼자의 세계에 빠져 있을 때는 주위의 세계는 처리할 수 없을 만큼 많은 정보가 넘쳐나고, 둘러보면 세상 모든 것이 한결같이 관심을 끌려고 하고 있어서인지도 모릅니다.

그것은 다양한 정보의 우선순위가 아직 명확하지 못한 아이에게는 결코 지내기 쉬운 환경이 아닙니다. 그렇지만 불안하다고 주위의 것들을 모두 차단하면 무엇에도 흥미나 관심을 가지지 못한 채 시간이 흘러갑니다. 주변에서 관계 맺기를 획득하는 것도 어려운 상태가 계속됩니다.

만약 아이의 흥미나 관심이 조금씩이라도 자신의 눈앞에 있는 사람이나 놀이에 맞춰질 수 있게 된다면 그것은 지금까지의 세계와 전혀 달라 보이게 되지 않을까요.

그리고 그 사람이 '이렇게 해 보렴', '이렇게 하면 잘 된단다' 하고 가르쳐 주어서 그 방법을 '해 보자' 하고 생각할 수 있게 되면 지금까지의 어려움이 썰물처럼 물러날지도 모릅니다.

나아가 '혼자인 것보다 즐거울지도 몰라' 하고 생각하게 되면 더욱 사람에게 초점을 맞춰 가게 됩니다. 그 상황이 자연스럽게 주위의 잡다한 정보를 삭제시켜 줄 것입니다.

아이가 아직 스스로 잘 할 수 없는 것에 대해 주위의 어른이 가르쳐 준 방법을 받아들이기 위해서는 무엇이 필요할까요.

어른일지라도 설령 배운 것이어도 처음 접하는 일이나 방법은 불안하게 생각합니다.

그럼에도 '이 사람이 권하는 것이라면 해도 괜찮을 거야' 하고 생각하기 위해서는 '이 사람과 함께 하면 즐겁다' '이 사람이 말하는 대로 하면 예전보다 잘 되어서 기분이 좋아' 하고 느끼게 해야 합니다. 그것이 관계 맺기의 출발입니다.

그러기 위해서는 일방적으로 방법을 주입해서는 절대로 잘 되지 않습니다.

아이의 기분이나 희망을 따라가면서 아이가 있는 세계를 함께 즐김으로써 신뢰가 생깁니다.

안전이나 안심에 대한 아이의 욕구가 충족됨으로써 함께 새로운 세계에 도전할 수 있게 됩니다.

Ⓐ　기다리는 기회를 만들기

● 놀이하는 가운데 기다린다는 상태를 만듭니다. 기다릴 수 있으면 '기다릴 수 있구나' 하고 말을 걸고 즐거운 체험을 약속하여 '기다린다'는 감각을 배우게 합니다.

1 기다리면 <u>좋은 일 · 즐거운 일</u>이 있다

○　아이가 익숙하고 좋아하는 장난감으로 놀고 있을 때 '엄마 차례야' 하고 말하며 교대합니다. 기다릴 수 있으면 '기다릴 수 있구나' 하고 칭찬합니다.

○ 다음 장난감을 가져오는 동안 아이의 어깨를 가볍게 누르며 '기다리고 있어' 하고 말하고, 기다렸으면 '기다릴 줄 아는구나' 하고 칭찬합니다.

기다릴 줄 아는구나!

○ 간식 시간 등에 '손은 무릎 위에' 하고 제스처를 곁들여 말한 다음 기다렸으면 '기다릴 줄 아는구나' 하고 칭찬합니다(손을 무릎 위에 두고 있는 사진이나 카드를 함께 보이는 것도 효과적입니다).

기다릴 줄 아는구나

카운트 다운으로 기다리기

○ 목욕탕 등에서 10, 9 …1 하고 카운트다운하여 기다리는 경험을 늘립니다(7은 '일곱', 4는 '넷'이라고 세면 수의 개념을 배울 때 도움이 됩니다).

◇ 원 포인트 어드바이스 ◇

물론 1부터 10이라도 괜찮습니다. 수의 개념이 없어도 '1, 2 … 10'이라고 반복함으로써 노래의 한 구절처럼 기준이 됩니다. 또한 손가락을 세워 숫자 표시하는 것을 덧붙이면 알기 쉽습니다. 일상생활에서도 1부터 5까지는 손가락 숫자를 덧붙이면 시각적으로도 전달됩니다.

○ 다음 과제로 옮겨가기 전에 '잠깐 기다려, 5 … 1, 됐어 다음' 하고 좋아하는 활동으로 들어갑니다. 어려우면 3만 세고, 가능해지면 10을 카운트하는 것으로 늘려 갑니다.

◇ 원 포인트 어드바이스 ◇

카운트할 때 즐거운 동작(책상 두드리기, 박수 치기, 터치하기 등)을 곁들이면 한층 정착하기 쉽습니다. 타이머나 차임이 울릴 때까지 기다린 다음 울리면 다음의 좋아하는 과제로 옮겨가는 것도 기다리는 즐거움이 됩니다.

③ <u>의자에 앉아서</u> 다음 지시 기다리기

: 다음 과제로 넘어갈 때 의자에 앉아서 기다린다.

○ 트램펄린 등에서 실컷 논 다음 지원자가 다음 과제를 준비하는 것을 기다립니다. 지원자의 말 걸기로 앉을 수 있거나, 앉아 있는 사진이나 카드를 보이면서 '의자에 앉아' 하고 지시한 다음 앉아서 기다릴 수 있으면 칭찬합니다. 움직임과 멈춤을 반복하는 것이 포인트입니다. 또 의자에 앉으면 비눗방울을 부는 것도 효과가 있습니다.

1 앉으라는 지시를 한다

2 칭찬한다

기다릴 수 있다는 것은 멋진 일

'발달장애가 의심되는군요'라는 말을 듣거나 발달장애를 의심하여 많은 어머니들이 병원에 진찰받으러 옵니다.

모든 어머니가 불안에 싸여 있습니다. 먼저 어머니의 이야기를 듣습니다. 그때 아이는 드러누워 쌓기막대로 혼자서 놀고 있습니다. 한참동안 같은 놀이를 반복하는 아이도 있고 종종 쌓기막대를 보여 주러 오는 아이도 있습니다. 'ㅇㅇ야, 기다려 줘서 고마워요'. 아이는 개의치 않고 놀고 있습니다. '어머니, 기다릴 수 있다는 건 대단한 겁니다.' '정말로 과잉행동이라면 벌써 여기서 사라졌겠죠.'

혼자 놀이를 '문제 행동'이라고 생각해 버리면 불안하고 걱정하게 됩니다. '혼자 놀면서 그 장소에 있는 것이 가능한 행동'이라고 생각할 수도 있습니다.

'돌아가는 길에 "혼자서 기다릴 수 있었네" 하고 말해 주세요' 하고 어머니께 말하면 어머니의 표정도 조금 밝아집니다.

단어의 의미는 아직 충분히 알지 못해도 행동에 대해 추후에 의미를 부여해 줌으로써 '기다린다'를 배우는 방법도 있습니다.

B   사람에게 접촉하는 거리감 가르치기

● 상대에게 대한 거리감은 어디에서 결정될까요. 시선이나 음성에는 명확한 거리가 없습니다. 먼저 접촉 방법이나 목소리의 크기에서 배우도록 합니다.

1   부드럽게 접촉하는 연습을 한다

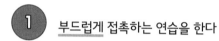

가   접촉하는 힘의 가감을 가르친다

○ 의식하지 못하고 강하게 상대를 건드렸을 때는 뒤에서 팔꿈치 부근을 잡고 접촉 정도의 가감을 가르칩니다. 딱 적당할 때는 상대로부터 '딱 좋아' 하고 칭찬받게 합니다.

(나)   **강하게 건드렸을 때는 '아파요'를 가르친다**

○   강하게 건드렸을 때는 '아팠어'라고 슬픈 얼굴을 하고, 그런 다음 '이 정도라면 아프지 않아'라고 손을 유도하여 힘의 가감을 전달합니다. 강한 터치와 약한 터치를 카드를 보여 주면서 시뮬레이션합니다. 약한 터치가 가능하면 칭찬합니다. 보육 시설이나 가정에서도 이따금 연습해 둡니다.

(다)   **어깨를 '톡톡 친다'를 가르친다**

○   장난감을 원할 때 아이에게 등을 보입니다. 다른 어른이 신체 유도를 하여 어깨를 톡톡 두드리면 '네' 하고 돌아보며 장난감을 건넵니다.

힘 조절과 목소리 레벨을 예를 들어 전달하기

가 힘 조절을 숫자에 비유하기

○ 숫자에 흥미를 가질 때는 힘 조절을 10의 힘, 5의 힘, 1의 힘과 같이 예를 들어 연습합니다. 시각적인 정보도 함께 있으면 알기 쉽습니다.

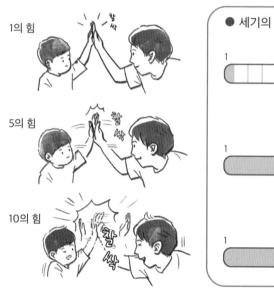

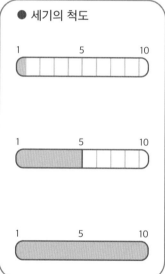

◇ 원 포인트 어드바이스 ◇

장난감을 이용한 놀이나 바깥 활동 등 아이 자신의 신체로 느끼는 감각도 동시에 길러 나갑니다.

○ 목소리는 사자의 소리, 토끼의 소리, 개미의 소리라는 식으로 생물에 비유하여 연습합니다. '개미의 소리야' 하고 전달하고, 작은 목소리로 말하면 '좋아, 개미구나' 하고 칭찬합니다. 동물에 비유한 그림을 함께 보여 주면서 연습하면 잘 전달됩니다.

● 목소리의 척도

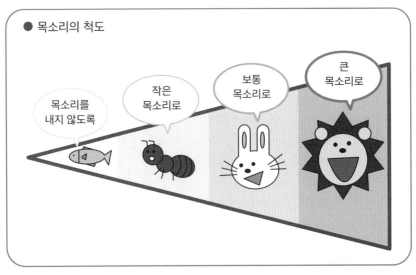

○ '안녕하세요' 하고 말을 걸면서 하이파이브를 한다
○ '잘 가' 하고 말을 건 후 '하이파이브' 하고 말하며 손바닥을 부딪친다.

안녕

잘 가

하이파이브

◇ 원 포인트 어드바이스 ◇

만나고 헤어질 때 하이파이브 동작을 하면 알기 쉽습니다. '안녕하세요'와 '바이바이'를 아직 말하지 못해도 하이파이브는 어느 정도 가능합니다. 촉각은 언어에 비해 물리적으로 상대의 존재를 알기 쉽게 느끼게 해 주기 때문일지도 모릅니다.

아이가 싫어하지 않으면 악수나 포옹 등 보다 지속적인 자극도 효과가 있습니다.

사진을 활용!

의자에 앉아서 기다리거나 부드럽게 톡톡 칠 수 있으면 '좋아, 사진 찍을 건데 가능하려나~' 하고 말하면서 사진을 찍어 아이에게 보여 줍니다. 아이는 사진 찍히는 것을 좋아하므로(찍히는 것을 싫어하는 모습이 보이면 무리하게 하지 마세요) 그 행동을 지속하거나 되풀이합니다.

또 자신의 모습을 객관적으로 봄으로써 행동에 대한 이해도 깊어집니다. 찍은 사진을 프린트하여 '앉아 있구나' '부드럽게 톡톡 쳤구나' 하며 종종 함께 사진을 보면 확인 작업으로도 활용할 수 있습니다.

다음 번에 그 사진을 보여 주는 것에서 시작하는 것도 즐거울지 모릅니다.

'안녕?'이나 '바이바이' 등의 동작 모방이 가능했을 때도 사진을 찍어 방에 붙여 두면 자신의 행동을 시각적으로 되풀이하여 확인할 수 있습니다.

그 외에도 아이가 블록으로 만든 작품을 무너뜨리지 않고 간직하고 싶어할 때 작품을 사진으로 찍어서 벽에 붙이거나 앨범으로 만들어 주면 무너뜨리고 다음 제작에 몰두하게 되는 아이도 꽤 있으므로 시험해 보시기 바랍니다.

예측을 전달하는 사람 되기

● 안심하고 함께 활동한다. '결정하는 쪽은 어른이란다'를 연습합니다. 사진이나 카드로 스케줄을 제시하여 다음에 무엇을 할지 알고 있으면 마음이 안정됩니다. 스스로 결정하지 않아도 '남이 결정해 주는 것도 나쁘지 않다'고 느끼게 합니다.

 스케줄을 전달하는 사람이 된다

○ 화이트 보드에 숫자 순으로 붙인 장난감 사진을 보여 주면서 '이거 하면 이거 한단다'라고 전달하고 그대로 실행합니다.

② 자신과 다른 사람과의 경계를 전달하는 사람 되기

: '자신의 것'과 '다른 사람의 것'을 의식하게 합니다.

○ 과자나 젓가락을 나눠줄 때 '아빠 거, 엄마 거, ○○ 거'라는 식으로 자신의 것과 다른 사람의 것을 알기 쉽게 나눠줍니다. 보육 시설이라면 '선생님 거, ○○ 거'라고 확실하게 전달하면서 나눠줍니다.

◇ 원 포인트 어드바이스 ◇

하루의 스케줄을 사진이나 카드로 제시할 때는 전부 보여 주고 끝나면 하나씩 치우는 것이 좋을지, 아니면 하나씩 제시하는 쪽이 좋을지는 아이의 모습을 보고 정합니다. 알기 쉽게 숫자를 붙이거나 화살표로 진행 방향을 표시하면 한층 알기 쉽게 됩니다.

환경 & 주목 명인 되기

　사람에게는 저마다 개인 영역이라는, 자신이 지내기에 편한 상대와의 거리감이 있습니다. 멀어서 곤란한 경우는 없지만 가까운 것을 견디기 힘들어하는 사람은 거리감이 가까운 사람과는 지내기 어려울지도 모릅니다.

　아이는 아직 몸집도 작은 데다 기본적으로 몸을 접촉하며 노는 것을 무척 좋아하므로 개인 영역은 어른에 비해 훨씬 좁다고 생각합니다. 개인 영역이 사회적 경험 속에서 형성되는 것이라고 볼 때 어쩌면 '아직 없다'고 하는 게 더 정확할지도 모르겠습니다.

　'아직 없는' 것에 갑자기 적절한 거리감을 요구하는 것은 아이들을 곤혹하게 할 따름입니다. 시간이라면 '기다리는 것', 상대에게 무언가 전달하고 싶은 것이라면 '접촉하는 것', 무언가 이야기를 하고 싶은 것이라면 '적당한 소리로 말하는 것'을 배워야 합니다.

　기다리는 것을 배우기 위해서는 상대에 대한 연속성과 관련한 기대감이 바탕이 됩니다. 까꿍 놀이가 그것을 배우는 대표적인 놀이입니다.

　어머니가 '까꿍' 하면 아이가 깔깔 웃으며 가만히 어머니의 얼굴을 봅니다. 어머니는 아이가 웃을 것을 기대하여 다시 '까꿍'을 합니다. 기대한 대로 웃는 얼굴이 돌아오고 아이는 또 가만히 어머니의 얼굴을 봅니다. 연속성을 기대할 수 있게 됨으로써 기다리는 것이 가능하게 됩니다.

까꿍 놀이는 전 세계 아이들에게 자연스럽게 받아들여지지만 발달 장애 아이들은 자연스럽게 배우는 것이 능숙하지 않습니다. 하지만 가르쳐주어 배울 수 있다면 그것대로 괜찮습니다.

발화가 나타나지 않는 동안 아이의 요구는 상대를 건드리거나 잡아당기거나 하는 행동으로 나타납니다. 아이는 상대로부터 확실하게 반응을 이끌어내고 싶은데 어른의 감각으로 그 힘 조절을 아이에게 가르치는 것은 꽤 어렵습니다.

경험적으로는 어른이 모델을 제시하면서 '톡톡, 툭툭, 콩콩' 등 의태어를 활용하여 평소에 시뮬레이션을 해 두어야 합니다. 물론 가능하면 '이게 콩콩이야' 하고 행동을 언어로 표현해 주십시오.

감각의 과민함이나 둔감함이 있다면 목소리 크기도 아이 스스로 조절하기가 어려울 것입니다. 또 언어로 표현되기 전의 감정 표현의 수단일 경우 어른의 감각 기준으로 '그건 너무 커'라고 말해도 아이는 어떻게 해야 할지 모릅니다. 때문에 그것을 대신할 소리를 알기 쉽게 전달해야 합니다.

'괴성이나 큰 소리를 내지 않는다'는 것은 행동이 아니므로 '사자는 안 돼'가 아니라 '토끼의 목소리'라고 내야 할 목소리를 콕 집어 전달합니다. 그리고 큰 소리가 난 다음 주의를 주는 것이 아니라 적절한 크기의 목소리로 말하고 있는 동안 '토끼구나', '귀여워', '잘하는구나' 하고 말을 걸어 줍니다.

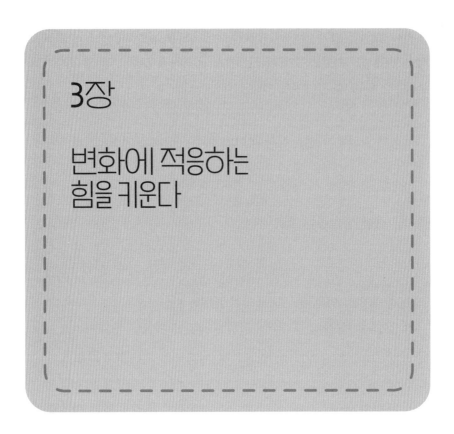

3장

변화에 적응하는
힘을 키운다

발달장애 아이들은 애매한 것보다 확실하고 알기 쉬운 정보를 추구하는 경향이 있습니다.

아이들에게 확실한 것이란 늘 변하지 않는 것입니다. 언어처럼 사람에 따라 의미가 변하거나 같은 것인데도 리듬이나 톤이 다른 것에는 서툽니다. 자폐 스펙트럼 아이 중에 발화가 사라지듯이 때때로 언어 자체를 거부하는 것처럼 보일 때도 있습니다.

마음에 드는 봉제 인형이나 타월처럼 늘 같은 감각을 느끼면 안심합니다.

같은 그림책이나 DVD를 끝없이 반복해서 보는 것은 마음에 들기 때문이기도 하지만 다음은 어떻게 되는지 예측하여 '봐, 생각한 대로야' 하고 알 수 있는 것이 기뻐서입니다.

그러나 주위 환경은 늘 변합니다. 특히 보육 시설과 같은 집단 환경은 더더욱 변화가 많습니다. 그처럼 끊이지 않는 변화 속에서 변하지 않는 것으로 안심감을 얻기 위해 패턴이나 루틴에 집착하거나 자신의 세계 속에 틀어박히는 것인지도 모릅니다.

그 세계에서 빠져나오기 위해서는 먼저 충분히 그 세계에 만족하는 것부터 시작하지 않으면 안 됩니다.

첫 번째가 아니면 안정되지 못할 것 같으면 첫 번째를 시켜 주십시오.

스위치를 만질 때 안심이 된다면 '스위치 켜' 하고 그것을 그 아이의 일로 만들어 버립니다.

다소 시간이 걸릴지도 모르지만 '이제 됐어'라고 아이가 그것을 귀찮아하면 된 겁니다.

충분히 맛보면 그 세계에서 조금 빠져나와 변화를 받아들일 바탕이 만들어집니다.

7

평소와 달라도 괜찮다를 배운다

● 패닉은 왜 일어날까?

'패닉을 일으키면 어떻게 하면 좋습니까?' 하고 어머니나 선생님들이
자주 묻습니다. 그럴 때는 늘 이렇게 대답합니다. '패닉을 일으키지 않도
록 해 주세요.'

일단 일어난 일은 원래대로 되돌릴 수 없습니다. 일어나 버렸을 때는
어찌 되었든 안정될 때까지 기다릴 수밖에 없습니다. 중요한 것은 다음입
니다.

같은 상황은 아이들에게 날마다 일어납니다. 다음에 패닉을 일으키지
않도록 하려면 어떻게 해야 할까요.

패닉이란 필시 아이들에게도 매우 불쾌한 상태일 것입니다. 지금 일어
나고 있는 자신의 상황에 대해 '어떻게 하면 좋을지 모르겠다', '어떻게
정보 처리를 하면 될지 모르겠다'는 상태입니다.

그러므로 확실하게 패닉이 일어나리라 생각되는 상황은 피할 수 있다
면 피해야 합니다.

그리고 다시 한 번 패닉을 일으키기 전후 상황을 관찰합니다. 반드시 원인이 있습니다. 어른이든 아이든 이유가 없는 행동은 없습니다.

다음으로, 같은 상황에서 패닉을 일으키지 않도록 하려면 패닉을 일으키는 '대신에 하면 좋을 행동'으로 이끌기 위해 환경을 정비해야 합니다. 부모 역할 훈련의 기본인 환경 명인이 되어야 합니다. 그것은 물론 아이 자신이 만들어내는 환경이 아닙니다. 주위의 어른이 지혜를 짜 내어야 하는 과업입니다.

'대신에 하면 좋을 행동의 스킬을 아직 몸에 익히지 못한 경우' 조기 개입의 포인트는 평소와 달라도 즐거웠다는 체험을 만드는 것입니다.

먼저 아이와 신뢰 관계를 만들면서 조금씩 상황 변화를 받아들이도록 하거나 아이와 함께 환경을 조금 바꿈으로써 변화하는 것 사이의 인과 관계를 알게 합니다.

환경 조정에 관해서는 다음 8의 '예상과 달라도 OK를 배우기'를 참고해 주십시오.

Ⓐ　아이와 안심할 수 있는 환경 만들기

● '시각 우위'의 능력을 살려서 치료교육하는 동안 아이가 머무는 장소를 되도록 같은 장소, 같은 환경으로 설정하고, 같은 사람이 같은 방식으로 접촉하도록 합니다. 때때로 접촉하는 사람을 바꾸어서 아이의 반응을 보는 것도 아이의 행동의 의미를 생각할 때 참고가 될 수 있습니다.

 쾌반응의 상태에서 새로운 환경으로

○　새로운 장소나 어떤 장소에 들어갈 수 없을 경우, 그리고 타이밍을 놓쳐서 놀이에 끼어들지 못할 때는 안거나 흔들어 주거나 복도를 걷거나 좋아하는 장난감을 갖게 하여 쾌반응을 이끌어 낸 다음 활동에 들어갑니다. 새로운 방에는 좋아하는 장난감을 준비해 두고 미리 사진을 보여 줍니다.

2 마음에 들어 할 때 새로운 환경으로

- -

○ 아이에게 안심감을 주는 좋아하는 물건(타월이나 봉제 완구 등)을 줍니다. 또 아이와 들어갈 방이나 장소에는 미리 아이가 좋아하는 장난감이나 굿즈를 놓아 둡니다.

◇ 원 포인트 어드바이스 ◇

아이가 안정되어 지낼 수 있게 되고 지원자와 신뢰 관계가 생성되면 커다란 봉제 인형의 위치를 바꾸어 보거나 의자를 다른 곳에 놓아 보거나 늘 있던 것을 감추어 보거나 새로운 장난감을 놓아 보는 등 조금씩 변화를 시도해 갑니다.

B 평소와 같은 환경에서 시작하기

● 환경이나 활동 내용을 바꾸지 않고 패턴화하여 안심할 수 있는 장소에서 좋아하는 활동을 할 수 있다는 것을 느끼게 합니다. 평소와 같은 환경 설정을 하고 사진이나 카드를 나열하여 오늘의 흐름을 미리 보여 둡니다.

 같은 것으로 안심시킨다

: 같은 장소에서 같은 것을 할 수 있다는 것을 확인시켜서 안심하게 한다.

> 1 보육 시설이라면 같은 시간에 같은 장소에서 같은 무늬의 그릇을 사용하고 같은 그림 퍼즐을 하는 식입니다. 가정이라면 같은 타이밍에 같은 장소에서 같은 놀이를 합니다.

2 그 장소에 익숙해지면 조금씩 환경이나 활동의 내용을 변화시킵니다. 아이와 함께 책상이나 의자를 옮기면 변화를 받아들이기 쉬울 때도 있습니다.

◇ 원 포인트 어드바이스 ◇

똑 같은 과제라도 장소나 사람이 달라서 잘 못하게 되면 아이에게는 실패 체험이 됩니다. 무리하지 않고 '이 사람과 함께라면 괜찮아'라는 관계를 만들어 가면서 작은 성공 체험을 쌓아 가는 것이 다음으로 연결됩니다.

C 아주 조금만 다른 부분을 섞기

● 아이와 신뢰 관계가 생겼다면 환경의 일부나 놀이 내용, 흐름을 조금씩 변화시켜 봅니다.

1 거의 같은 상태에서 조금 바꾼다

- -

가 A ⇒ B ⇒ C

○ 책상의 방향을 조금씩 바꾸어 갑니다.

A 평소 방향으로

B 조금 옆으로

C 반대 방향

나 A ⇨ A' ⇨ A"

○ 도화지 크기를 '평소 크기 ⇨ 조금 크게 ⇨ 2배 크기' 식으로 조금씩 바꾸어 갑니다.

크네

다 A ⇨ C ⇨ B

○ 장소의 순서를 바꿉니다. '밖에서 놀기 ⇨ 방에서 과제 ⇨ 놀이방에서 놀기' ➜ '밖에서 놀기 ⇨ 놀이방에서 놀기 ⇨ 방에서 과제'.

다음은 놀이방에서 놀 거예요

（라） A ⇒ B ⇒ D

○ 새로운 놀이를 한 가지만 도입합니다. '간지럼 놀이 ⇒ 손가락 놀이 ⇒ 그림 그리기' → '간지럼 놀이 ⇒ 손가락 놀이 ⇒ 담요 그네'.

A 늘 하는 간지럼 놀이

간질간질―

B 늘 하는 손가락 놀이

C 늘 하는 그림 놀이

D 새로운 담요 그네

변화를 즐기기

과제의 차례를 바꾼다, 다른 과제를 넣어 본다, 지원자를 바꾼다 등 그 변화에 대한 반응에서 어떤 변화가 가장 마음에 드는지 알 수 있습니다.

평소와 다른 것에 익숙해져서 달라도 즐겁게 지낼 수 있다는 경험을 쌓아 갑니다.

만약 무언가 알아차려서 '앗?' 하는 표정을 지으면 '알아차렸구나~' '다르지' 하고 말하면서 그대로 아이가 좋아하는 과제나 놀이를 시작합니다.

그런 다음 '늘 하던 것과 다른 것을 거부하지 않아도 즐겁단다', '겉보기가 달라도 괜찮아요', '예정과 달라도 걱정할 것 없어'라고 그 다름을 수용하는 힘을 길러 나갑니다.

일상생활에 있어서 변화는 곧바로 받아들이기 어려울지 모르지만 '평소와 달라도 괜찮았지', '애썼어', '즐거웠지' 하고 말을 걸어 주어서 변화에 대한 수용을 강화해 나갑니다.

환경 & 주목 명인 되기

일반적으로 발달장애 아이들은 '시각 우위'라고들 합니다. 자동차의 종류나 로고, 간판이나 건물을 기억하는 데 매우 뛰어납니다.

어느 3세 아이의 어머니가 "이 아이, 전국의 기차 노선을 전부 다 외우고 있어요"라고 선생님께 말했다가 "그건 발달장애의 증상입니다"라는 말을 들었다고 합니다. 매우 유감스럽게 생각합니다.

잘하는 것은 잘하는 대로 뒷받침해 주면 된다고 생각합니다. 그 지점에서부터 얼마든지 아이의 세계를 넓혀 갈 수 있다고 생각합니다.

물론 아이들 중 시각 정보에 지나치게 치중하면 '장난감 배치가 다르면 나란하게 고쳐 놓지 않고는 못 견딘다', '늘 가던 길과 다르면 패닉이 된다'는 상태가 되기도 합니다.

예상하고 있었던 머릿속 영상과 실제로 눈앞에 보이는 영상이 다르면 마음이 안정되지 못해 불안해하거나 혼란스러워 합니다. 거꾸로 그것이 일치하면 '봐, 생각하던 대로야' 하고 안심합니다.

이 능력은 때와 장소에 따라서는 매우 뛰어난 능력이 되겠지만 늘 변화가 가득한 일상생활 속에서는 생활의 어려움이 배가됩니다.

'평소와 달라도 괜찮아'를 배우기 위해서는 '눈에 보이는 것도 달라질 때가 있다', '달라져도 곤란하지 않아', '달라져서 더 즐겁게 놀 수 있었다'는 경험을 쌓는 것이 첫걸음입니다.

그러려면 우선 같은 장소, 같은 놀이, 같은 순서, 같은 사람으로 아이의 안심감과 신뢰감을 구축합니다. 가정에서도 같은 시간, 같은 장소, 같은 놀이를 해 봅니다.

아이가 안정되어 지낼 수 있게 되면 조금만 변화를 주어 봅니다.

불안하거나 패닉을 일으킬 것처럼 보이면 무리를 하면 안 되지만 '어, 뭔가 다른데' 정도라면 그대로 계속합니다.

끝까지 할 수 있으면 '재미있었지', '또 하자꾸나' 하고 말하면서 정리합니다.

이런 경험은 아이들에게 '평소와 조금 달랐지만 즐거웠어', '내일도 또 하고 싶어'라는 체험으로 바뀌어 변화를 받아들이는 경험과 힘이 됩니다.

물론 미리 예측할 수 있게 하는 것도 중요합니다. '오늘은 늘 가던 길로 가지 않아요', '오늘 놀이 순서는 이렇게 돼'라고 스케줄을 알려 줌으로써 패닉을 예방할 수도 있습니다.

외출이나 소풍 등 전혀 새로운 장소에 갈 때나 발표회나 참관일 등 행사가 있을 때는 사전에 그 장소의 사진을 보여 주거나 지난해의 영상을 보여 두는 것이 시각적 정보로써 안심감을 높여 줍니다.

8

생각하던 것과 달라도 괜찮다를 배운다

● 왜 말로 기분을 전달하지 못할까?

'생각한 대로 되지 않으면 곧바로 발작을 일으킨다', 부모님이나 보육 관계자에게는 절실한 과제일지도 모르지만 아이에게 욕구나 생각이 나타난 것의 표현이므로 기뻐할 일일지도 모릅니다. '생각한 대로 아니어도 OK'를 배우는 것은 아이 쪽이 아니라 오히려 어른 쪽일지도 모릅니다.

어른이라도 할 수 없는 일은 얼마든지 있습니다. 그럼에도 아버지라면 허용되는 일이 있습니다. '밥을 먹지 않고 게임을 한다', '여러 번 불러도 대답을 하지 않는다', '아침 늦게까지 잠옷을 입고 있다', 아버지에게는 아버지 나름의 이유가 있다면 아이에게도 아이 나름의 이유가 반드시 있습니다.

이처럼 나름의 이유가 있음에도 발작을 일으키게 되는 것은 아이에게 불쾌한 감정이며, 야단 맞으면 맞는 만큼 실패 체험을 쌓게 됩니다.

세상 일이 생각대로 되지 않는다는 것을 배우기 위해서는 수많은 체험이 필요합니다. 어른이 어떻게든 헤쳐 나가는 것은 발작을 일으키면 더 나쁜 상황에 처하게 된다는 것을 예측할 수 있든지 혹은 발작을 일으키는 것을 대체할 대응책을 가지고 있기 때문입니다.

하지만 그 대응책을 반드시 사용하는 것은 아닙니다. 대응책은 사용하기 위해서가 아니라 갖고 있는 게 중요하다고 생각합니다. 그렇다면 아이에게 어떤 대응책을 어떻게 하여 갖게 하느냐가 중요한 과제가 됩니다.

아이는 어른처럼 그 발작의 결과를 예측하지 못합니다. 어느 정도 예측했다고 해도 생각대로 되지 않는 폭발적 감정 앞에서는 잠시도 버티지 못할 것입니다.

그러면 아이 스스로 예측대로 되지 않을 때의 대응책을 생각하거나 마음속에 품는 것이 가능할까요.

이것도 아이의 빈약한 경험 속에서 배우기에는 너무 어렵습니다. '세상사가 생각대로 되지 않아도 발작을 일으키지 않는다'는 것은 분명히 말해 불가능합니다.

그러면 폭발하는 대신 어떻게 하면 좋을까. 그것은 주위의 어른이 생각하여 그 대체 행동을 취하기 쉽도록 환경을 정비하는 게 대응책의 전부입니다.

여기에서는 '생각한 대로 아니어도 괜찮아' 그 자체를 배우는 것이 아니라 사소해도 성공 체험으로 마무리되게 하는 환경을 만드는 것, '기다리는 힘', '참는 힘', '예측하는 힘'을 키우는 것이 조기 개입의 과제가 됩니다.

● 아이가 확실하게 할 수 있을 것 같은 과제부터 시작합니다. 실패할 것 같으면 자연스럽게 개입하여 도움을 줘서 성공 체험으로 끝나게 합니다.

 성공 체험을 쌓는다

: 아이가 쉽다고 느끼는 것부터 시작합니다.

○ 조각 수가 적은 퍼즐, 꿰기 쉬운 실 통과하기(딱딱한 실), 빨래집게(쥐기 쉬운 크기의 것) 등 쉬운 과제부터 시작합니다. 도중에 실패할 것처럼 보이면 자연스럽게 조언을 하거나 도움을 주어서 실패하지 않도록 합니다. 그렇게 하여 성공 체험을 쌓아 나갑니다..

'할 수 있게 된 1할을 늘려 나간다'

쉬운 것부터 시작하는 것 외에 9할을 돕고 마지막 1할을 아이에게 하도록 하여 성공 체험을 맛보게 한 다음 돕는 양을 8할, 7할로 서서히 줄여 가는 방법도 있습니다.

예를 들어 양말을 능숙하게 신지 못하는 아이에게 처음에는 복사뼈까지 올려 주고 마지막에만 아이가 올리도록 합니다. 그리고 양말을 올리는 지점을 발뒤꿈치, 발의 정중앙 부근, 발가락 식으로 옮겨 가서 마지막에는 스스로 신을 수 있도록 하는 방법도 있습니다.

이 같은 지원 방법은 다양한 상황에서 사용할 수 있습니다.

마지막 1할에 주목하여 '혼자서 신었네~' 하고 말해 주면서 서서히 도움의 양을 줄여 갑니다.

할 수 없었던 9할이 아니라 '할 수 있는 1할에 주목하여 늘려 가는' 방법도 부모 역할 훈련의 기본입니다.

이렇게 하여 성공 체험, 달성감을 충분하게 맛보면 잘 할 수 있을 것 같지 않아도 포기하지 않고 도전하는 힘을 갖게 됩니다.

폭발은 일으키기 전에 멈추기

: 손이 나가거나 폭발을 일으킬 것 같으면 그렇게 되기 전에 멈추게 합니다.

가 **폭발은 일으키기 전에 멈추기**

○ 상황을 보아 예측할 수 있을 때는 지원자가 곧바로 개입하여 도움 등을 주어 폭발을 일으키는 체험을 하지 않도록 합니다. 예를 들어 모양 맞추기에서 제 위치에 넣지 못할 때 곧바로 자연스럽게 도움을 주어 달성감을 맛보게 합니다.

나 관심을 좋아하는 것으로 돌린다

○ 이미 폭발을 일으켰을 때에도 꾸짖지 않고 '○○가 하기 싫었구나', '○○하고 놀까'라고 공감하면서 좋아하는 것으로 관심을 향하게 합니다. 한 번 일어난 폭발을 이전으로 되돌릴 수는 없습니다.

◇ 원 포인트 어드바이스 ◇

만약 선생님들이 다같이 예측할 수 있어서 폭발을 예방할 수 있다면 조기에 개입하여 '오늘 하루 폭발이 없었구나' 하는 날을 만들어 보는 것도 중요합니다. '오늘은 즐거웠어'라는 체험이 아이에게 '내일도 이렇게 지내고 싶어'라는 기분을 길러 줄지도 모릅니다.

B   기다리는 것과 참는 것을 연습하기

● 조금 더 기다리고, 조금 더 계속하면 좋은 것이 있다, 라는 체험을
쌓습니다.

 정지의 상태를 늘린다

○ '자~ 시작'으로 움직인다. 지원자의 말을 신호로 움직이고 조금 기다릴 필요성을
느끼게 한다. 예를 들어 지원자가 볼링 핀을 3개 세우고 있는 동안 '자~' 하고 말하고
전부 세웠을 때 '굴려'라고 말하여 아이가 손에 든 볼을 굴리게 한다.

○ 흔들리고 있는 그네를 10을 센 후 멈추게 하고 요구 행동이 있으면 재개한다(요구 행동의 필연성을 이해).

○ 좋아하는 장난감을 손이 닿지 않는 곳에 두고 '잠깐 기다려 봐' 하고 잠시 기다리게 한 후에 건넨다.

○ 좋아하는 과제를 앞서 제시한 상태에서 함께 10을 세거나 좋아하는 노래를 불러서 끝에 대한 예측을 알기 쉽게 한다. '끝날 때까지 손은 무릎 위에'를 유지한다.

2 규칙을 늘린다

: '지시에 따르면 좋은 일이 있다'는 패턴을 만든다

○ '앉으면 장난감을 건넨다', '쓰레기를 하나 버리면 장난감을 하나 준다' 등 아이가 받아들일 수 있는 규칙을 만들어 지시를 받아들이는 것을 연습합니다. 언제든지 무엇이든 아이가 생각하는 대로 되지 않는다는 것을 경험하여 이해하도록 합니다. 가능지면 그 행동을 칭찬해 줍니다.

앉으면

버리면

③ <u>타자</u>가 없으면 불가능한 놀이를 한다

: 타자가 있어서 비로소 성립하는 상황을 제공한다.

○ 담요 그네나 대형 그네 등 아이 혼자서는 놀 수 없는 놀이 도구나 장난감을 사용합니다. '그 놀이를 즐기기 위해서는 타자가 없으면 불가능하다'는 인과 관계에 대한 이해를 높여 줍니다.

◇ 원 포인트 어드바이스 ◇

아이가 할 수 있는 동안이 바로 말을 걸어 줘야 하는 때입니다. 그 행동이 가능한 동안에 '해 냈구나', '되는구나', '기다렸구나', '참았구나'라고 확실하게 말을 하여 아이와 기쁜 느낌을 공유합니다.

예측하게 하기

● 또 하나 중요한 환경은 아이가 '예측하기 쉬운 환경'을 만드는 것입
니다.

1 미숙한 활동 다음에 좋아하는 활동을 넣는다

○ 활동의 전환이 안 될 때 사진이나 그림 카드로 시각적인 예측을 하게 합니다. 숫
자나 화살표를 알면 화이트 보드에 붙이거나 화살표로 순서를 나타낼 수도 있습니
다. 미숙한 활동을 한 다음에 좋아하는 활동을 한다는 것을 보여 주어 예측할 수 있
게 합니다.

② 환경을 바꾸기

: 행동의 ABC 분석을 통해 지내기 쉬운 환경 만들기

○ 손이 나가거나 폭발을 일으켰을 때 그 전에 무슨 일이 있었는지 확인합니다. 계기가 보이면 그 행동 대신에 적절한 행동을 할 수 있는 환경으로 바꿉니다.

◇ 원 포인트 어드바이스 ◇

예측할 수 있게 하려면 시각 지원이 중요하다는 것은 모두 아실 거라고 생각합니다. 늘 확인할 수 있고 변화하지 않는 정보가 알기 쉽다는 것은 어른에게도 마찬가지입니다. 시각 지원도 1장씩 보이거나 흐름을 보이는 등 다양한 방법이 있으므로 아이에게 맞는 것을 찾아봅니다..

환경 & 주목 명인 되기

폭발을 일으키지 않게 하기 위해서는 먼저 폭발의 원인을 알아내지 않으면 안 됩니다. 곧잘 어머니나 보육 관계자들로부터 '이유 없이 폭발을 일으킵니다', '갑자기 앞을 지나가는 아이를 때립니다'는 이야기를 듣습니다.

행동에는 반드시 이유가 있으며 행동은 환경에 크게 좌우됩니다. 폭발을 일으키기 전후 상황을 ABC 분석 합니다. 혹은 같은 상황에서도 폭발을 일으키는 때와 그렇지 않은 때가 있을 것입니다. 그것을 비교해 보면 계기가 될 만한 것이 보일 수도 있습니다.

폭발을 '일으키고 싶어서 일으키는 아이는 없습니다'. 폭발이라는 것은 거의 돌발적인 성질을 갖고 있으므로 폭발하기 전에 원인이 있었다고 생각해도 무방합니다. 본인에게 직접 관계가 없을 듯한 다른 아이의 우는 소리라든가 보육 관계자의 '안 돼'라든가 '하지 마'라는 소리에 반응하는 경우도 있습니다.

하지만 가장 많은 것은 놀이를 방해받는다든지 요구가 통하지 않는 경우입니다. 원인을 알았더라도 보육 관계자가 개입할 수 없는 경우도 있습니다.

아이가 폭발을 통해 전하고 싶어하는 것은 그다지 복잡한 것이 아닙니다. 그 아이의 기분을 언어로 표현하면 '하지 마', '빌려 줘', '하기 싫어', '비켜' 정도이겠죠. 아직 언어로 전달하지 못하므로 주위의 어른이 대변해 줘야 합니다.

보육 관계자가 여럿 있을 때는 주위의 아이들에게 물리적으로 손이 닿지 않을 거리를 유지하게 신경 씁니다. 다른 아이의 모습을 보면서 제스처도 곁들여서 '그만둬 할 수 있구나', '빌려줘 하고 말했구나' 하고 말로 표현합니다.

폭발할 것 같으면 포옹이나 좋아하는 놀이 등 다른 행동으로 이끌어서 멈추게 합니다.

그리하여 어쨌든 '오늘은 손이 나가지 않았다'는 체험을 만듭니다. 쉽게 없애지는 못하지만 '오늘은 즐거웠지', '사이좋게 지냈구나' 하고 마지막에 기쁨을 공유함으로써 대체 행동을 몸에 익혀 갑니다.

<없어 없어 대응>보다 <있어 있어 대응>을 잘 사용하는 것도 포인트입니다. '○○하지 않으면 △△할 수 없어'라고 말하면 마지막의 '할 수 없어'라는 말에 반응하여 폭발하고 마는 경우가 곧잘 있습니다.

손으로 가위표를 만드는 금지 사인이나 '하지 마', '실패' 등 부정적인 언어만으로도 폭발을 일으키는 것은 '생각대로 되지 않았다'는 경험과 연결되기 때문인지도 모릅니다.

'낮잠 자지 않으면 블록 가지고 못 놀아' 하고 말하는 대신에 '낮잠을 자면 블록 갖고 놀자' 하고 말하는 것이 아이에게는 커다란 차이가 될 수 있습니다.

9

감각의 적절한 입력을 배운다

● 감각 과민이란 무엇이 일어나는 것일까?

발달장애 진단 기준에 감각의 과민함 혹은 둔감함 유무 항목이 있습니다.

청소기 소리에 귀를 막거나 건조기 소리에 패닉이 되거나 긴 소매 옷은 절대 입지 않거나 장화만 신거나 합니다.

감각의 과민함을 '과반응', 둔감함을 '저반응'이라고 부르기도 합니다. 이것은 명백한 신경생리학적 이상이 아니라 겉에 나타나는 반응을 행동 특성으로 포착하기 때문입니다.

물론 행동상에 그러한 반응이 나타나면 적응 행동은 뚜렷하게 방해받습니다. 다양한 소리가 같은 정보량으로 들어오면 혼란스러워서 하늘을 쳐다보거나 눈앞에서 손을 빙글빙글 돌리거나 해서 그 감각을 차단하려 합니다.

그것은 자극이 모자라는 만큼 아이들이 자기 나름으로 보완하여 욕구를 충족하거나, 자극이 넘치는 만큼 자기 나름으로 잘라내어 안심시키고 있는 모습입니다.

이러한 행동상의 문제는 무리하게 저지하면 한층 더 스트레스가 됩니다. 그럼에도 주위 사람들에 대한 관심이 커지면 반드시 개선됩니다.

발달장애에서 감각의 과민함과 둔감함이 적응 행동을 저해하는 것은 우리가 상상하는 이상으로 많을지도 모릅니다. 어쩌면 상상하는 것이 매우 어려울지도 모릅니다.

예를 들어 여러분의 귓전에 까마귀의 '까악' 하는 쇳소리가 들리거나, 저린 발을 간지럽힌다고 생각하면 어떻습니까. 그 장소에 맞는 적절한 행동을 하기란 무척 어렵습니다.

어떻든 불쾌하고 참기 어렵다고 생각할 것입니다.

조기 개입에서 제시한 방법처럼 서서히 익숙하게 하는 방법도 있지만 기본적으로는 우선 회피하고 나서 다음 방법을 생각하는 것이 지름길이라고 생각합니다.

참기 어려운 것을 극복하기 위한 특별 훈련은 하지 맙시다. 특별 훈련은 어쨌거나 시키는 쪽도 하는 쪽도 스트레스만 됩니다. 패닉을 일으키면 사람을 향한 마음은 오그라들지도 모릅니다.

핑계가 아닙니다. 피할 수 있는 것은 우선 피해야 합니다. 참기 어려운 소리는 듣지 않는다. 싫어하는 냄새는 피한다. 못 먹는 것은 무리하게 먹이지 않는다. 불쾌한 감각의 물건은 만지지 않는다.

물론 놀이하는 가운데 즐기면서 익숙해지게 할 수도 있습니다. 그럴 때는 아이의 모습을 보면서 무리하게 권하지 않도록 합니다.

A   촉각의 적절한 입력을 연습하기

● 신체 접촉을 힘들어하는 아이는 적지 않습니다. 포옹이나 머리 쓰다듬는 것을 싫어할 때는 촉각뿐만 아니라 거리감이 지나치게 가까워서 싫다는 문제도 있을지 모릅니다.

1 피부의 <u>과민함</u>이 있을 때의 입력

가   점토 놀이

○ 점토는 손에 붙지 않게 점성이 약한 것으로 고릅니다. 중간 정도 공 모양 점토를 힘을 주어 누르거나 소량의 점토부터 시작합니다. 만지는 것을 힘들어하면 클리어파일 사이에 점토를 넣어서 평평하게 한 다음 형태 뜨기를 합니다.

나 손에 댄다

○ 손가락이 아니라 손바닥 전체에 '슈욱-' 하고 소리를 내면서 조금 힘을 주어 접촉
합니다.

다 좋아하는 감각으로 놀기

○ 좋아하는 감각으로 놀면서 손이나 몸에 접촉합니다. 운동 감각(평형 감각)을 좋
아하면 담요 그네나 빙글빙글 감아 굴리기로 촉각이나 압각을 자극합니다. 노래나
리듬, 말 걸기 등 좋아하는 청각 자극을 동시에 더하는 것도 좋을 것입니다.

- -

가   손으로 찾기 게임

> ○ 불투명 주머니 속에 손을 넣어서 좋아하는 미니카나 인형을 찾습니다. 과민한 아이라도 손으로 찾기 게임을 하면 즐거움이 과민함을 상회하여 만질 수 있게 되기도 합니다. 약간 비치는 주머니여도 괜찮습니다.

무엇이
들어 있을까~

찾아냈구나~
대단해~

나   조금 강하게 만진다

○ '여기 만지는 거야' 하고 주목하게 하면서 커다랗고 보드라운 공을 아이 몸에 대고 약간 강하게 눌러서 접촉합니다. 매직 테이프가 달린 소꿉놀이 야채를 떼어내는 것도 효과가 있습니다.

여기를 만지는 거야

다   덥석 껴안는다

○ 간지럼 놀이나 포옹을 할 때 덥석 껴안는다.

덥석~

B 청각의 적절한 입력을 연습하기

● 청각 과민에는 모든 소리가 크게 들리는 때와 특정 소리에만 민감한 때가 있습니다. 모든 소리가 크게 들릴 때는 귀마개나 이어머프 등을 적용하는데 특정 소리를 참기 힘든 경우도 많은 것 같습니다.

1 소리에 대한 <u>민감함</u>이 있을 때의 입력

가 들리는 소리를 작게 한다

○ 귀마개나 이어머프로 들리는 소리를 작게 합니다. 착용하는 횟수가 조금씩 줄어드는데 자연히 줄어드는 경우도 많습니다.

나 사람 목소리만 들리도록 하기

○ 노이즈 캔슬링 이어머프로 사람 목소리만 들리도록 합니다.

다 싫어하는 소리에 익숙해지기

○ 싫어하는 소리는 피합니다. 참기 힘든 소리를 녹음하여 조금씩 음량을 크게 하고 짧은 소리부터 시작하여 길게 늘려 가며 용인도를 높여 갑니다. 또한 좋아하는 놀이를 하고 있을 때 참기 힘든 소리를 조금씩 깔아 줍니다.

2 소리에 대한 둔감함이 있을 때의 입력

가 좀 큰 목소리나 음으로 설정하기

○ 목소리는 크게 단어는 짧게 지시합니다. 아이가 좋아하는 소리나 음악(CM 곡 등)을 크게 틀어놓습니다.

나 진짜 소리를 들려준다

○ 큰북 그림을 보여 주면서 큰북을 울립니다. 치는 법을 바꾸어 가며 반응이 좋은 리듬이나 스피드를 찾아냅니다. 큰북처럼 몸에 울리는 소리나 동물의 그림과 우는 소리도 인기가 있습니다.

다   소리가 나고 있는 것을 보여 주기

○ 실제로 소리가 나고 있는 것을 보여 줍니다. 스스로 단추를 눌러서 멈추게 하거나 움직이게 하는 것도 이해에 도움이 됩니다. 환기팬 등 아이에게는 알기 어려운 소리의 경우에도 효과적입니다.

라   조용한 환경에서 활동하기

○ 조용한 환경 속에서 적당한 자극으로 과제에 몰두하도록 합니다. 좋아하는 곡이 흐르고 있을 때 안정되는 경우는 BGM으로 깔아도 좋습니다.

관찰, 원인, 환경 & 주목 명인

감각 과민, 청각 과민이 있을 때는 우선 회피하는 게 중요합니다. 익숙해지도록 이끄는 것은 놀이하는 가운데 알아차리지 못할 정도의 방법이라면 적용 가능하지만 특별 훈련과 같은 형태로는 절대로 잘 되지 않습니다. 특훈은 하는 사람도 당하는 사람도 스트레스입니다. 참기만 해서는 다음 단계를 바라보기 어렵습니다. 더 싫어하게 될 뿐입니다.

청각 과민이 있을 때 귀마개나 이어머프를 싫어하는 아이도 있지만 좋아하는 캐릭터나 컬러 등 스스로 선택하게 하면 가능할지도 모릅니다.

천둥이나 쉭쉭 하는 바람 소리가 들릴 때마다 울부짖으며 패닉을 일으키는 아이에게 이어머프를 하도록 했습니다. 처음에는 천둥이나 바람 소리가 들리면 서둘러 이어머프를 하고 울었지만 얼마 지나자 울지 않게 되고 이윽고 이어머프를 손에 쥐기만 해도 울지 않게 되었습니다. 나중에는 이어머프가 있다는 것을 확인만 하면 천둥이나 바람 소리가 나도 패닉을 일으키지 않고 지낼 수 있게 되었습니다.

편식이나 옷과 관련한 어려움은 그 아이만이 느끼는 특유한 불쾌감일 때가 많지만 관찰해 보면 무엇이 걸림돌인지는 보입니다.

먹을거리의 경우는 색, 냄새, 맛, 식감, 보이는 형태. 보육 시설에서는 어떤 모습을 보이는지 살펴보는 것도 참고가 됩니다.

만약 이유를 알게 되면 보육 시설과 가정에서 연대하여 동일한 대응을 하면 아이도 안정되어 지낼 수 있습니다.

가정에서는 흰쌀밥만 먹는데 보육 시설에서는 무엇이든 잘 먹는 아이도 적지 않습니다. 그럴 때는 '오늘, ○○ 먹었다면서. 선생님이 칭찬하셨어' 하며 식탁에 놓아두면 조금 손이 가기 쉬워집니다. 보육 시설에서 전부 먹었다면 영양이 한쪽으로 많이 치우칠 일도 없습니다. 초조해하지 말고 식사 시간을 즐겁게 보내는 것에 집중합시다.

옷과 관련한 곤란도 꽤 어려운 문제입니다. 색, 소재, 소매의 길이, 단추의 유무와 크기, 택의 유무, 디자인 등 아이 나름의 다양한 생각이 있습니다.

촉각의 과민함이 있을 때는 역시 피하는 것이 제일입니다만 분주한 아침 시간에 색이나 단추 유무, 디자인이 '다르단 말이야'라는 소리를 들으면 화가 나는 것도 당연합니다.

그러나 아이 입장에서는 전날부터 '저걸 입을 거야' 하고 정해 놓았는지도 모릅니다. 그런데 전혀 다른 옷이 등장하면 '달라' 하고 말하게 되는 것도 이상하지 않습니다.

그럴 때는 선택지를 활용해 보십시오. 닮은 것을 두 개 놓고 '어느쪽이 좋아?' 하고 묻습니다. 마음에 드는 것이 없을 때 어떻게 하면 좋을지 결정하지 못해도 선택하는 것은 어떻게든 됩니다. 만약 고르면 '골랐구나, 고마워' 하고 말해서 선택하는 것도 나쁘지 않다, 선택하면 지내기 편하다는 경험으로 조금씩 바꾸어 갑니다.

마치며

우에노 요시키

10년 전쯤부터 저는 소아과 의사로서 발달장애와 인연을 맺게 되었습니다. 그 무렵 공립인 급성기병원(재활 및 요양 병원에 대비되는 개념 - 옮긴이)에 근무하고 있었습니다. 그럼에도 '아이가 발달장애라고 들었는데요⋯⋯' 혹은 '우리 아이는 발달장애일까요?' 하고 불안한 표정으로 진료를 받으러 오는 어머니들과 그 옆에서 해맑게 놀고 있는 아이들의 모습을 매일같이 외래에서 보게 되었습니다.

그때 처음 느낀 것은 '필요한 것은 발달장애라는 진단이 아니라 어머니들에 대한 지원이 아닐까' 하는 것이었습니다. 이후 더듬거리며 도달한 곳이 부모 역할 훈련(페어런트 트레이닝)이라는 방법이었습니다.

본디 전문적인 의료 기관에서 그룹으로 행하는 방법이지만 혼자서 시작할 수밖에 없었습니다. 그럼에도 개별적으로 시행하는 데 따른 이점도 많아서 나름의 반응에 힘입어 『육아가 즐거워지는 마법을 가르칩니다』는 타이틀로 책을 냈습니다. 이 책은 지금도 외래에서 텍스트로 어머니들과 함께 사용하고 있습니다.

그로부터 3년 후 『보육에 활용하는 부모 역할 훈련』이라는 책을 냈습니다. 그것은 아이들이 많은 시간을 보내는 보육 시설이나 유치원에서 이루어지는 관계 맺기의 중요성을 새삼 느꼈기 때문입니다.

의학보다 훨씬 긴 역사를 가진 보육이나 교육에야말로 아이들의 성장을 기뻐하고 아이들 주위로 유유히 흐르는 시간을 만들어내는 노하우가 축적되어 있다고 느꼈습니다. 보육 관계자 분들과 연수회도 거듭하는 가운데 그것을 공유하고 싶다는 생각이 그 배경이 되었습니다.

그런 한편 지금까지 외래에서 해 온 개별적 부모 역할 훈련의 한계도 느끼지 않을 수 없었습니다. 그것은 아직 진단을 내릴 필요까지는 없다고 해도 보다 조기에 개입하지 않으면 안 되는 아이들의 존재였습니다.

그때 지금의 가나자와 아동의료복지센터에 근무하게 되어 치료교육을 담당하는 선생님들의 접근 방식을 목격하고 여기에 조기 개입이 있다고 확신했습니다.

그 선생님들의 노하우와 부모 역할 훈련을 조합해 보고자 생각한 결과물이 이 책입니다.

마우돈 씨의 소박한 일러스트 덕에 글에 생명력이 더해졌습니다. 부모님과 보육 선생님들께 언제든 시작할 수 있고 바로 사용할 수 있는 텍스트로 참고가 되면 좋겠습니다. 알기 어려운 점이나 더 상세하게 알고 싶은 것이 있으면 언제라도 물어봐 주십시오.

마지막으로 센터의 모든 스텝에게 경의와 감사를 드립니다.

2021년 1월

마치며

야스모토 오키

가나자와 아동의료복지센터 작업치료사

발달장애의 작업치료에 몸 담은 지 30년이 넘었습니다. 개인적으로는 처음엔 어떻게 접근하면 좋을지 몰라 숱하게 시행착오를 겪었습니다. 하지만 최근 수년간 치료교육의 이상적 형태나 방향성을 보호자나 주위의 치료교육자에게 전할 기회가 많아지면서 절감하게 되었습니다. 본래 치료교육이란 병원 등의 전문기관이 아니라 일상의 생활 현장에 자연스럽게 얽혀들어 아이들 성장의 연속성을 보증하면서 전개되어 가는 것이라고 말입니다.

특히 가정 바깥에서의 치료교육의 장인 보육 기관이나 유치원 등에서 행해지는 선생님들의 나날의 대응이 매우 중요하다고 생각합니다.

이 책에는 그런 저를 비롯한 작업치료사들이 평소 아이들과 접촉해 오는 가운데 실제의 현장에서도 알기 쉽고 바로 사용할 수 있는 작업치료의 핵심 내용을 담은 지도 방법을 소개하고 있습니다.

마지막으로 이런 기회를 주신 당 센터 소아과의 우에노 요시키 선생님께 감사드리고, 깜찍하고 매력적인 미소로 늘 우리를 매료시키는 아이들과, 늘 곁에서 상냥하게 지켜보시는 보호자와 치료교육자 분들께 이 책을 바칩니다.

발달장애, 조기 개입과 부모 역할 훈련

초판 발행 | 2023년 05월 01일

지은이 | 우에노 요시키 외
펴낸이 | 노미영

펴낸곳 | 마고북스
등록 | 2002. 02. 01
주소 | 경기도 파주시 탄현면 새오리로 339번길 79-27
전화 | 02-523-3123   팩스 02-6455-5424
이메일 | magobooks@naver.com

ISBN 979-11-87282-06-8   03370

값 15,000원